Christoph Emmendörffer und Christof Trepesch (Hg.)

BLUTGELD
PROPAGANDA-MEDAILLEN AUS DEM ERSTEN WELTKRIEG

MAXIMILIAN MUSEUM

Vorwort	5
Blutgeld. Propaganda-Medaillen aus dem Ersten Weltkrieg Christoph Emmendörffer	7
Katalog Christoph Emmendörffer / Jürgen Hillesheim	27
Vom Opportunisten zum Moralisten? Brechts Weg durch den Ersten Weltkrieg Jürgen Hillesheim	121
Verlag und Medailleure	139
Literaturverzeichnis	140
Abkürzungen / Bildnachweis	143
Dank	143
Impressum	144

VORWORT

Vor einhundert Jahren tobte der Erste Weltkrieg, eine verheerende Menschheitskatastrophe von bis dahin unbekanntem Ausmaß. Die politische Propaganda versuchte im gesamten Deutschen Reich die Daheimgebliebenen ideologisch „aufzurüsten" und das Massensterben als unabdingbare Notwendigkeit hinzustellen. Beredter Ausdruck dieser propagandistischen Bestrebungen sind künstlerisch gestaltete Medaillen, die aus ganz unterschiedlichen Anlässen heraus angefertigt wurden. Namhafte Künstler stellten sich in den Dienst der Propaganda und schufen Bildwerke, die in der Tradition der bis in die Antike zurückreichenden Medaillenkunst steht. Mit ihrer Bildsprache werden die kriegerischen Ereignisse mythologisch überhöht und damit das aktuelle Kriegsgeschehen in eine zeithistorische Dimension eingebettet. Dr. Christoph Emmendörffer stellt einen neu entdeckten Bestand an Medaillen aus dem Maximilianmuseum vor und stellt ihm weitere aussagekräftige Exponate aus der Sammlung zur Seite. Prof. Dr. Jürgen Hillesheim ergänzt den Katalog um einen Beitrag zu Bertolt Brechts Schaffen während des Ersten Weltkrieges, sodass der offiziellen Propaganda die persönliche Note des jungen Brecht gegenübergestellt wird, dessen Weg durch den Ersten Weltkrieg er als „Erkenntnisprozess" beschreibt. Wertvolle Leihgaben steuerte dankenswerterweise die Staats- und Stadtbibliothek Augsburg mit ihrem Direktor Dr. Reinhard Laube bei.

Ich danke ganz herzlich Dr. Christoph Emmendörffer, der den Medaillenschatz gehoben und erstmals wissenschaftlich bearbeitet hat, ebenso Prof. Dr. Jürgen Hillesheim für seinen aufschlussreichen Beitrag.

Besonderer Dank gilt den langjährigen Hauptsponsoren des Maximilianmuseums, der Sparda-Bank Augsburg mit ihren Vorständen Peter Noppinger, Ralph Puschner und Peter Lachenmayr wie auch den Stadtwerken Augsburg (swa) mit ihren Geschäftsführern Dr. Walter Casazza und Klaus-Peter Dietmayer. Nur durch ihre großzügige Förderung konnten sowohl die Ausstellung als auch der Katalog realisiert werden.

Dr. Christof Trepesch
Direktor der Kunstsammlungen und Museen Augsburg

SPONSOREN

Abb. 1 Die Kriegsmedaillen im Münzschrank im Museumsmagazin

CHRISTOPH EMMENDÖRFFER

BLUTGELD. PROPAGANDA-MEDAILLEN AUS DEM ERSTEN WELTKRIEG

Ein Fund im Magazin

Ein Fund im Magazin eines Museums weckt oft Begeisterung – allen voran beim glücklichen Finder, dem wacher Blick oder glücklicher Zufall zur Entdeckung verhalfen. Dann aber auch bei der Öffentlichkeit, die vielfach mit großem Interesse auf derartige Glücksfälle reagiert. Bei dem Fund jedoch, der in diesem Katalog vorgestellt wird, verhält es sich anders, denn Finderglück vermag er nicht zu wecken. Eigentlich möchte man ihn dort ruhen lassen, wo er vor vielen Jahren deponiert wurde: in den untersten Schubladen eines von acht großen Münzschränken, die die mehrere tausend Münzen und Medaillen umfassende Münzsammlung des Maximilianmuseums beherbergen. Hatte man doch schließlich schon bei anderer Gelegenheit wie z. B. bei der Suche nach einer Medaille aus der Renaissance- oder Barockzeit die zwei Schubladen eher versehentlich herausgezogen und mit Unbehagen die großen schwarzen Eisenscheiben mit den grimmig dreinblickenden Konterfeien unbekannter Militärs aus fernerer deutscher Vergangenheit erblickt (Abb. 1). Die dämonengleichen Wesen wurden schnell wieder in ihr Schattenreich zurückgeschoben mit der Ausflucht, dass kommende Generationen ja auch noch etwas zu tun haben sollen. Dennoch hatte sich der Anblick dieser schwarzen Metallscheiben mit ihren starr und kalt schauenden Gestalten eingebrannt. Eine gewisse Unruhe blieb bei jedem Gang an die Münzschränke: Wer sind die Dargestellten? Wann und aus welchem Anlass sind diese martialischen Werke entstanden? Wer stellte Derartiges her? Wer sammelte solche Werke von eher zweifelhaftem Kunstwert? Wie kommt so etwas überhaupt ins Maximilianmuseum?

Um mit der letzten Frage zu beginnen: Sie lässt sich nicht beantworten, zumindest nicht, solange das Augsburger Stadtarchiv geschlossen ist, das möglicherweise Archivalien zu diesem Erwerb besitzt, der vermutlich in Form einer Schenkung an die Stadt Augsburg erfolgt sein dürfte. Die Kunstsammlungen selbst haben keine Unterlagen dazu bzw. in den vorhandenen Aktenbeständen und Dokumentationen finden die Medaillen keine Erwähnung: Weder die Zugangsbücher[1] noch die seit 1912 geführten handschriftlichen Inventarbände[2] bzw. die bis 2003 laufende Inventarkartei[3] führen die insgesamt 26 Medaillen auf. Sie tragen keine Inventarnummern. Zwar wurde 1984 von Gerlind Werner ein Großteil des Medaillenbestandes inventarisiert, leider jedoch aufgrund der kurzen Laufzeit der Maßnahme nur unvollständig.[4] Auch hinsichtlich ihrer Dokumentation führten also diese Medaillen ein Schattendasein.

Medaillen

Der Begriff Medaille, der sich vom französischen Wort *médaille* bzw. vom lateinischen *metallum* (Metall) herleitet, ist im modernen Sprachgebrauch zweideutig. Dabei handelt es sich um gegossene oder geprägte Kleinkunstwerke zur Erinnerung an Personen, später auch an Ereignisse oder Dinge, deren Vorder- und Rückseite mit Bildmotiven und Schrift mehr oder weniger aufwändig gestaltet sind. Die heute weitaus geläufigere

Bedeutung von „Medaille" als Auszeichnung, Orden oder Abzeichen ist auf eine der ursprünglichen Funktionen dieser Kunstgattung zurückzuführen – als ein Geschenk vornehmlich in Form einer Bildnismedaille, mit der der Schenkende dem Empfänger eine besondere Aufmerksamkeit, Gunst oder Ehre erwies. Vor allem in den Jahrzehnten um 1600 erfreuten sich diese als „Gnadenpfennige" bezeichneten Medaillenkleinode, die als Schmuckstücke getragen oder als hochgeschätzte Kunstwerke sorgsam verwahrt wurden, großer Beliebtheit (Abb. 2). Trotz der formalen Verwandtschaft mit Münzen und der einst gebräuchlichen, heute jedoch veralteten Bezeichnung „Schaumünzen", die einen Bezug zu Geld nahelegt, sind Medaillen kein Zahlungsmittel, obwohl sie im 18. und 19. Jahrhundert bevorzugt aus Gold und Silber und somit aus dem Material gefertigt wurden, das man für Münzgeld verwendete. Wegen ihres künstlerischen und oft auch materiellen Wertes entwickelten sich Medaillen schon im 16. Jahrhundert zu beliebten Sammelobjekten, die in fürstlichen Kunstkammern wie auch in bürgerlichen Kunstsammlungen nicht fehlen durften.[5]

Die Medaille, an erster Stelle die Bildnismedaille, ist eine der charakteristischsten Schöpfungen der italienischen Renaissance. Als ihr Erfinder gilt der Veroneser Maler Antonio Pisano, gen. Pisanello (1395–1455), der Ende der 1430er-Jahre erste Bildnismedaillen in hoher künstlerischer Vollendung schuf, so z.B. für den in Italien weilenden byzantinischen Kaiser Johannes VIII. Palaiologos (1438) oder für Herzog Leonello d'Este (1441/1443) in Ferrara (vgl. Abb. 6). Jenseits der Alpen fiel die Gattung der Bildnismedaille in der Reichsstadt Augsburg schon früh mit Aufkeimen humanistischer Bestrebungen im späten 15. Jahrhundert auf fruchtbaren Boden. Spätestens um 1500 waren hier z.B. Arbeiten von Pisanello bekannt, wie ein Abdruck der Medaille für Niccolò Piccinino (um 1441)[6] oder von der Palaiologos-Medaille inspirierte Motive im Werk Hans Holbeins d. Ä. belegen.[7] Eine zentrale Rolle spielte der Augsburger Humanist, Stadtschreiber und kaiserliche Rat Konrad Peutinger (1465–1547), der die

Abb. 2 Gnadenpfennig des Augsburger Bischofs Heinrich von Knöringen, Gold, Augsburg, 1611

Abb. 3 Hans Schwarz, Bildnismedaille des Konrad Peutinger, Blei, Augsburg, 1518

Bildnismedaille als neue Kunstgattung, die besonders auf den Reichstagen und unter den humanistisch gebildeten Bürgern bedeutende Auftraggeber für sich gewann[8], maßgeblich gefördert hat. Bereits die frühesten Augsburger Erzeugnisse, die unverkennbar nach italienischem Vorbild gestalteten, kraftvoll-plastischen Bildnismedaillen des Bildhauers und Medailleurs Hans Schwarz (um 1492 bis nach 1532), von denen z.B. die Konrad Peutingers[9] (Abb. 3) ein herausragendes Beispiel darstellt, gelten bis heute als absolute und mit Augsburg untrennbar verbundene Höhepunkte der deutschen Medaillenkunst. Auch später und in den nachfolgenden Jahrhunderten blieb die Reichsstadt ein wichtiges Zentrum der Medaillenkunst. Ein Großteil der Erzeugnisse wurde für die Stadt selbst hergestellt, z.B. als offizielle Prägungen des Rats oder als private Auftragswerke zu Anlässen der Stadt- und Familiengeschichte. Zugleich fertigten Augsburger Medailleure auf eigene Rechnung zahlreiche Gedenkmedaillen zur Zeitgeschichte. Zu den bedeutendsten Vertretern zählt beispielsweise der gebürtige Augsburger Philipp Heinrich Müller (1654–1719), der ab 1684 als Medailleur

Abb. 4 Philipp Heinrich Müller, Medaille auf die Befreiung Stuhlweissenburgs und Belgrads, Silber, Augsburg, 1688

tätig war.¹⁰ Einen nicht geringen Teil seines vielfältigen Œuvres bilden u.a. Gedenkmedaillen auf Schlachten der Türkenkriege (Abb. 4). Hervorzuheben sind auch die Medaillen des 1739 als Stadtmedailleur berufenen Schweizers Jonas Thiébaud¹¹ (1695–1770), der in Augsburg seine besten Stücke schuf (Abb. 5). Im 19. Jahr-

Abb. 5   Jonas Thiébaud, Medaille auf den Westfälischen Frieden, Gold, Augsburg, 1748

hundert zeichnen sich die privaten Augsburger Prägeanstalten wie z.B. die 1842 von Gottfried Drentwett¹² (1817–1871) gegründete mit zahlreichen Medaillen zur Zeitgeschichte und zu religiösen Anlässen vor allem durch hohe quantitative Leistung aus, mit der sie sich neben den Nürnberger und Berliner Firmen zu behaupten vermochten. Während für die Augsburger Medaillenkunst der Bestand des Maximilianmuseums, deren Kern die der Stadt Augsburg testamentarisch hinterlassene Münzsammlung des Augsburger Kommerzienrates und Numismatikers Albert von Forster (1848–1917) bildet, nur wenige vereinzelte Lücken aufweist und auf diesem Gebiet als erstrangig gelten kann, sind u.a. die letztgenannten Prägeorte nur mit vereinzelten Beispielen vertreten. Hier wiederum ragt als ein bemerkenswert großes Konvolut der in diesem Katalog vorgestellte Medaillenbestand heraus, der möglicherweise aus der Sammlung Albert von Forster stammt.

Die Münzenhandlung Robert Ball Nachfolger und Weltkriegsmedaillen

Bis auf zwei Werke (Kat.-Nr. 12, 17) sind alle Medaillen mit Herstellernachweisen versehen, die zwar unterschiedlich lauten – *Ball Berlin* (Kat.-Nr. 1, 8, 9, 10, 11, 13, 15, 16), *Verl. Ball Berlin* (Kat.-Nr. 4, 7, 14, 19, 22, 24, 25), *Verlag Ball Berlin* (Kat.-Nr. 6), *R. Ball Nachf. Verl.* (Kat.-Nr. 23), *Grünthal* (Kat.-Nr. 18, 21, 26), *Grünthal V.* (Kat.-Nr. 2), *Grünthal Verl.* (Kat.-Nr. 3, 5, 20) –, jedoch alle von einem Hersteller stammen. Es handelt sich dabei um die renommierte Berliner Münzenhandlung „Robert Ball Nachfolger", deren Inhaber der Numismatiker Hugo Grünthal (1869 bis nach 1929) war. Zu Grünthals 60. Geburtstag schuf der Medailleur Georges Morin eine Medaille mit Grünthals Porträt auf der Vorderseite, während die Rückseite neben dem Firmennamen eine Hand zeigt, die Antonio Pisanellos berühmte Bildnismedaille für Herzog Leonello d'Este hält (Abb. 6). Diese Reverenz an den Pionier der Renaissancemedaille war programmatisch zu verstehen: Sie bezog sich nicht nur auf Grünthals Ruf als führender Händler historischer Münzen und Medaillen, sondern auch auf seinen künstlerischen Anspruch als Wegbereiter der Medaillenkunst. Tatsächlich zählte Grünthals Münzenhandlung „Robert Ball Nachfolger" im späten Kaiserreich zu den führenden Unternehmen, die sich die Wiederbelebung dieser traditionsreichen Kunstgattung auf die Fahnen geschrieben hatten. Den stärksten Anstoß dazu gab der Erste Weltkrieg, dessen

Ausbruch im August 1914 in Deutschland eine Welle des Patriotismus auslöste und auf verschiedensten Gebieten – in der Literatur wie in der Bildenden Kunst – einen gewaltigen Niederschlag fand. Die Medaille war in besonderem Maße dazu geeignet, das weit verbreitete Bedürfnis zu befriedigen, dieses historische Ereignis, das anfänglich eine immense patriotische Euphorie und extremen Nationalstolz beförderte, in Erinnerung zu behalten. So war es das Bestreben von Julius Menadier (1854–1939), Direktor des Berliner Münzkabinetts, diesem Bedürfnis Gestalt zu geben und es zugleich für eine Erneuerung der Medaillenkunst, vor allem der in der Renaissance gebräuchlichen Gussmedaille, fruchtbar zu machen. Ende 1915 gründeten daher Menadier und weitere Unterstützer die Gesellschaft „Freunde der deutschen Schaumünze", deren Gründungsaufruf vom Dezember 1915 folgendermaßen begann:

Die ungeheuren Erlebnisse des Weltkrieges, in dem wir um unser Dasein kämpfen, in dauernden Gestalten festzuhalten und der spätesten Nachwelt zu überliefern, ist ein Wunsch, der weite Kreise unseres Volkes schon jetzt bewegt. Die vaterländische Schaumünze (…) bietet hierzu ein unvergleichlich wirksames Mittel. In unvergänglichem Stoff vermag sie die Persönlichkeiten und die Taten unserer Führer, unserer Helden, die Einmütigkeit und die Hingebung des gesamten Volkes in kleinen, aber höchst bedeutsamen Kunstwerken zu verewigen. (…)[13]

Das ursprünglich auf 180 Nummern angelegte Medaillenprojekt, an dem namhafte Künstler beteiligt waren, blieb unvollendet: Stark nachlassendes Interesse, Kostengründe und nicht zuletzt Materialmangel – Bronze z. B. war als Kriegsmetall gesperrt – führten zu seiner

Abb. 6 Georges Morin, Medaille zum 60. Geburtstag von Hugo Grünthal, Bronze, Berlin, 1929

Einstellung Anfang 1917.¹⁴ Ein wichtiges Motiv für die vom Berliner Münzkabinett initiierte Gründung der Gesellschaft „Freunde der Deutschen Schaumünze" war nicht zuletzt, die künstlerische Qualität der mit Kriegsausbruch in großen Mengen hergestellten Medaillen zu heben, denn gerade die „schnellfertige Fabrikware, mit der kein Volk in dem Maße überschüttet wird, wie das deutsche", war deren Gründer Menadier ein Dorn im Auge.¹⁵ Charakteristische Beispiele dafür sind die Erzeugnisse der Münchner Prägeanstalt Deschler & Sohn¹⁶, die verschiedenste Medaillenprägungen in Feinsilber herausbrachte, z. B. 1914 auf das Waffenbündnis von Österreich-Ungarn und Deutschland, 1915 auf Kaiser Wilhelm II. (Abb. 7), auf Generalfeldmarschall Hindenburg anlässlich des „3. Kriegsweihnachten 1916", auf die Gefallenen oder auf das Kriegsende 1918. Unter den zahlreichen Herstellern von Weltkriegsmedaillen ragte Hugo Grünthals Münzenhandlung „Robert Ball Nachfolger" besonders hervor, die gleichfalls in großem Maßstab Kriegsmedaillen edierte. Ihren Erzeugnissen dürfte Menadiers Kritik nicht gegolten haben, beschäftigte doch Grünthals Unternehmen durchaus renommierte Künstler, darunter u. a. den Leipziger Paul Sturm¹⁷, Erster Medailleur der Königlichen Münze Berlin, der dort seit 1908 auf Fürsprache Menadiers tätig war. Sturm galt „als ein Erneuerer des Medaillenkunstgusses, der seine Modelle vielfach in Solnhofer Schiefer schnitt und so seine Kunst eng mit der Wiederbelebung der Renaissancemedaille verband."¹⁸ Für Grünthal lieferte er insgesamt zwölf Entwürfe zu Kriegsmedaillen, die Menadier kannte und positiv beurteilte. Sechs dieser Arbeiten enthält auch das hier vorgestellte Medaillenkonvolut (Kat.-Nr. 2, 3, 5, 16, 20, 23). Es ist nicht be-

Abb. 7 Fa. Deschler & Sohn, Medaille auf Kaiser Wilhelm II., Silber, München, 1915

kannt, weshalb Sturm nicht auch an der Weltkriegsedition seines Mentors Menadier beteiligt war.¹⁹ Zu den weiteren von Grünthal beschäftigten Künstlern zählten u. a. Franz Eue (Kat.-Nr. 1, 7–11, 13–15, 17–19, 21, 22, 25, 26), Arthur Galambos (Kat.-Nr. 12), E. Greier (Kat.-Nr. 6), Hugo Kaufmann (Kat.-Nr. 24), Rudolf Küchler (Kat.-Nr. 4) und Max Ziegler (Kat.-Nr. 14).²⁰ Auch bei ihnen handelte es sich vornehmlich um Berliner Bildhauer und Medailleure, deren Biografien und Werk noch der Bearbeitung harren. Dies gilt vor allem für den mit Abstand produktivsten Entwerfer von Weltkriegsmedaillen, Franz Eue, der für Grünthal und die Nürnberger Prägeanstalt L. Chr. Lauer tätig war und hier mit insgesamt 16 Arbeiten vertreten ist.

Anlässlich des 40-jährigen Bestehens der Firma „Robert Ball Nachfolger" 1927 legte Grünthal 1927 eine Verkaufsliste vor, die auf den letzten Seiten *Medaillen meines eigenen Verlages* auflistete.²¹ Abgesehen von zehn Medaillen – vier auf Otto von Bismarck (Nr. 7382–7385), eine auf das Hohenzollern-Jubiläum 1915 (Nr. 7409), eine auf die Untersee-Handelsflotte (Nr. 7415) und vier auf Martin Luther (Nr. 7418–7421) – handelte es sich dabei ausschließlich um Weltkriegsmedaillen, insgesamt

64 Stück. In dieser Verkaufsliste finden sich sämtliche hier vorgestellten 26 Medaillen (Abb. 9), die demnach gut zwei Fünftel der Weltkriegsedition von Grünthal darstellen. Die Medaillen wurden in zwei Größen in verschiedenen Metallen angeboten und zwar als Gussmedaillen mit einem Durchmesser von 110 mm in *Silber* (150,– Reichsmark), *Bronce* (18,–), *Eisen durchgescheuert* (15,–) und *Eisen schwarz* (12,–). Die geschwärzten Medaillen des Maximilianmuseums sind also dieser letztgenannten Kategorie zuzuordnen. Alle Medaillen wurden außerdem zu einem Preis von fünf Reichsmark als Silberprägungen mit einem Durchmesser von 33 mm zu einem Gewicht von 18 Gramm angeboten.[22] Wie Menadiers Weltkriegsedition wurde die von Grünthal offensichtlich 1917 eingestellt, denn aus diesem Jahr datieren die letzten Medaillen: die auf General von Linsingen[23] und auf General von Ludendorff (Kat.-Nr. 13).[24]

Nicht alle bei „Robert Ball Nachfolger" edierten Weltkriegsmedaillen sind in der Verkaufsliste von 1927 aufgeführt, wohl weil sie damals nicht mehr auf Lager waren. Ein Beispiel findet sich in der Münzsammlung des Maximilianmuseums. Es handelt sich um eine seltene, von Martin Götze (1865–1931) für Grünthals Firma entworfene satirische Medaille auf die Kriegsgegner England und Frankreich (Abb. 8), die kurz nach Kriegsausbruch entstanden sein dürfte. Die von Götze signierte Vorderseite zeigt den Teufel in Halbfigur, der von seinem Gesicht eine Maske mit dem Porträt des britischen Außenministers Edward Grey (amtierte 1905–1916) abnimmt, darüber die Inschrift: *DER ENTLARVTE GREY*. Die Verunglimpfung bezieht sich auf Greys angebliche und nicht eingehaltene Zusicherung englischer Neutralität im Kriegsfall. Die mit *Ball Berlin* bezeichnete Rückseite zeigt Marianne als Personifikation Frankreichs, die eine Waage, in deren

Abb. 8 Martin Götze, Satirische Medaille auf die Kriegsgegner England und Frankreich, Zinn, Berlin, um 1915

— Bronce, 110 mm . . . . 18.—
— Eisen durchgescheuert, 110 mm . . . . . 15.—
— Eisen schwarz, 110 mm . . . . 12.—
— Silber, 33 mm, 18 gr. . . . . 5.—

7435 **Graf Zeppelin**. (Franz Eue). Vs: Brustb. von vorn. Rs: Luftschiff über London „Luftangriff auf London 17. 18. 8. 1915. Silber, 110 mm. 150.—
— Bronce, 110 mm. . . . . 18.—
— Eisen durchgescheuert, 110 mm. . . . . . 15.—
— Eisen schwarz, 110 mm. . . . . 12.—
— Silber. 33 mm. 18 gr. . . . . 5.—

7436 **Friedrich II v. Baden**. (Franz Eue). Vs: Brustbild von vorn. Rs: Stürmende Soldaten, darunter das badische Wappen 1914—1916. Silber, 110 mm. 150.—
— Bronce, 110 mm. . . . . 18.—
— Eisen durchgescheuert, 110 mm. . . . . . 15.—
— Eisen schwarz, 110 mm . . . . 12.—
— Silber, 33 mm, 18 gr. . . . . 5.—

7437 **Leopold von Bayern**. (Franz Eue). Brustb. von vorn. Rs: Nackter Mann auf Schwert gestüzt, „Der Eroberer von Warschau, 5. 8. 1915." Silber, 110 mm. . . . . 150.—
— Bronce, 110 mm. . . . . 18.—
— Eisen durchgescheuert, 110 mm. . . . . . 15.—
— Eisen schwarz, 110 mm. . . . . 12.—
— Silber. 33 mm. 18 gr. . . . . 5.—

7438 **Ludwig III. von Bayern**. (Franz Eue). Vs: Brustb. n. l. Rs: Marschierende Soldaten 1914—15. Silber, 110 mm. . . 150.—
— Bronce, 110 mm. . . . . 18.—
— Eisen durchgescheuert, 110 mm. . . . . . 15.—
— Eisen schwarz, 110 mm. . . . . 12.—
— Silber. 133 mm. 18 gr. . . . . 5.—

ROBERT BALL NCHF., BERLIN W 8, WILHELMSTR. 46-47

Abb. 9 Weltkriegsmedaillen der Münzenhandlung Robert Ball Nachf. im Jubiläumskatalog von 1929

Schalen eine Krone bzw. eine rauchende Kerze liegen, manipuliert, indem sie das Züngein fasst und nicht die Aufhängung. Die Geste ihrer linken Hand unterstreicht das scheinbare Gleichgewicht der nicht gleich schweren Schalen. Die Inschrift lautet: *DIE LUEGE WIDER DIE WAHRHEIT*. Das Werk ist ein typisches Beispiel für deutsche Spott- und Hetzmedaillen des Ersten Weltkrieges, mit denen der Gegner verächtlich gemacht und die moralische Überlegenheit der deutschen Seite behauptet wurde.[25] Sie ist kennzeichnend für den von blindem Nationalismus geschürten Hass auf den Feind, der seine Legitimation aus den vermeintlichen „Wahrheiten" bezog, die Zeitungen und Heeresberichte in sehr einseitigen Darstellungen verbreiteten und berüchtigte Machwerke wie Ernst Lissauers „Hassgesang gegen England" tief im Bewusstsein der Bevölkerung verankerten. Ungeachtet ihres zweifelhaften Inhalts dürfte die herausragende künstlerische Qualität der Medaille der Grund dafür gewesen sein, dass sie schon damals als begehrtes Sammlerobjekt vergriffen war und nicht mehr in der Verkaufsliste erschien. Moralische Bedenken waren wohl weniger maßgeblich, denn Grünthal hatte durchaus noch polemisierende Propagandamedaillen im Angebot, so die auf den Dreibund mit Hassparolen auf die Entente-Mächte[26] wie auch die auf Großadmiral von Tirpitz (Kat.-Nr. 20), die gegen England gerichtet ist und die Flotte des Königreichs als Ratten verunglimpft. Gleichwohl ist die Zahl dieser polemisierenden Propagandamedaillen in der Edition Grünthals gering.

Bildsprache der Kriegsmedaillen

Die Mehrzahl bilden stattdessen Medaillen, die auf der Vorderseite ein Porträt, selten mehrere (Kat.-Nr. 5, 19), meist in Kombination mit dem Namen der Dargestellten zeigen, während die Rückseiten szenische oder allegorisch-mythologische Darstellungen mit weiteren Inschriften und Jahreszahlen aufweisen. In Übereinstimmung mit der Intention der Schaumünzenedition Menadiers standen bei den Weltkriegsmedaillen Grünthals eindeutig *die Persönlichkeiten und die Taten unserer Führer, unserer Helden*, wie es im oben zitierten Gründungsaufruf heißt, im Mittelpunkt. So war in der gesamten Edition der Firma „Robert Ball Nachfolger" auch nur eine Frau vertreten: Kaiserin Auguste Victoria[27] (Kat.-Nr. 3) als Schirmherrin des Deutschen Roten Kreuzes. Der künstlerische Schwerpunkt liegt dabei unübersehbar bei den Porträts, die teils im Profil, überwiegend jedoch frontal oder im Dreiviertelprofil wiedergegeben sind. Vor allem fallen die Naturnähe, die Detailgenauigkeit und das kraftvolle Relief auf, also die extrem plastische Ausarbeitung, die den vornehmlich nach Fotos[28] entworfenen Bildnissen eine im Wortsinn erhabene und höchst wirkungsvolle Präsenz verleiht. Format und Gewicht der Medaillen zwingen den Betrachter förmlich zu einem ihrem heroischen Aussagegehalt entsprechenden kraftvollen Zugriff. So konnte wohl die sperrige Haptik der eisenschweren und in ernstes Schwarz getauchten Gedenkstücke einem patriotisch fühlenden zeitgenössischen oder zukünftigen Sammler einen Begriff vermitteln von der Größe dieser Zeit vorgeblicher nationaler Selbstbehauptung und der sie prägenden Gestalten, deren eiserne Willenskraft mit Händen geradezu greifbar scheint.

Die Darstellungen der Medaillenrückseiten lassen sich in unterschiedliche Gruppen einteilen. Die Hälfte zeigt militärische Motive in Kombination mit Ortsnamen, Schlachtdaten oder nur Jahreszahlen. Es dominiert die Infanterie, die entweder als eine marschierende Truppe (Kat.-Nr. 7), als zum Angriff stürmende Soldaten (Kat.-Nr. 9, 17, 18) oder als einzeln kämpfender Soldat während (Kat.-Nr. 8) bzw. nach erfolgreicher Schlacht (Kat.-Nr. 15) dargestellt wird. Nie ist eine konkrete Schlacht oder Kampfsituation erkennbar, geschweige denn gemeint, wie z.B. die Medaillen für König Ludwig III. von Bayern (Kat.-Nr. 7) und Großherzog Friedrich II. von Baden (Kat.-Nr. 9) zeigen, die beide gar keine Truppen befehligten. Bemerkenswert ist der auf der Medaille für Prinz Rupprecht (Kat.-Nr. 8) in denkmalartiger Isolierung gezeigte Soldat mit zum Schlag erhobenem Gewehr, den die Beischrift zum Sinnbild „löwenmutiger" Bayern stilisiert. Die Kavalleriedarstellungen (Kat.-Nr. 12, 23) sind ebenso unspezifisch und zeigen vergleichbar isoliert einen stolz trabenden Kavalleristen bzw. einen Husaren, der über ein mit östlichen Ortsnamen beschriebenes Bodenstück galoppiert. Bei den zwei Artilleriedarstellungen, die Soldaten beim Einsatz an Geschützen zeigen (Kat.-Nr. 16, 22), ist bei der als „Eroberung von Nowo-Georgiewsk" betitelten Szene die konkrete Frontsituation klischeehaft in eine östlich anmutende Landschaft situiert. Allgemeiner Art sind auch die Marinedarstellungen (Kat.-Nr. 20, 24, 25), die die ehrenhafte Rettung der Besatzung eines untergehenden feindlichen Handelsschiffes, einen aus allen Rohren schießenden Panzerkreuzer bzw. manövrierende Kreuzer vorstellen. Mit Berücksichtigung der einzelnen Waffengattungen bzw. Schlachten sind die Motive letztlich austauschbar. Ihr Aussagewert beschränkt sich auf die Schlagworte „Kampfbereitschaft", „Kampf" und „Eroberung".

Eine weitere Gruppe zeigt paramilitärische Motive: die Verleihung des Eisernen Kreuzes (Kat.-Nr. 2), die Versorgung Verwundeter (Kat.-Nr. 3), paradierende Jugendliche (Kat.-Nr. 26). Hier ist der Bezug zu den vorderseitig Porträtierten – Kaiser Wilhelm II. als obersten Kriegsherrn und Stifter des Eisernen Kreuzes, Kaiserin Auguste Victoria als Schirmherrin des Deutschen Roten Kreuzes und Generalfeldmarschall von der Goltz als Gründer des Jungdeutschland-Bundes – offenkundig und durch die Beischriften eindeutig.

Klein ist die Gruppe mit symbolischen Motiven. Hierzu zählt der Adler, der als erhabenes, edles Tier den Dreibund Deutschlands, Österreich-Ungarns und der Türkei adäquat symbolisiert (Kat.-Nr. 5).[29] Drei Möwen über bewegter See symbolisieren in Verbindung mit dem Sterbedatum die Seelen der drei 1914 als „Helden zur See" gefallenen Grafen Spee. Der besondere Umstand, dass mit ihnen eine ganze Familie ausgelöscht wurde, war wohl der Grund, weshalb in diesem Fall das Sterben an der Front, das die Grünthal-Edition ansonsten komplett ausblendete, thematisiert wurde – und dies auch nur in beschönigender Form.

Ein knappes Drittel des hier vorgestellten Konvoluts schließlich zeigt heroisierende Motive, die dazu dienen, Akteure und Ereignisse mythologisch zu überhöhen, sie also aus der Zeitgeschichte herauszulösen und somit zu Sinnbildern deutscher Geschichte von zeitloser Bedeutung zu stilisieren. Zugleich knüpfen einzelne Motive formal wie inhaltlich an Bildfindungen im Gedenken an die hundert Jahre zurückliegenden Befreiungskriege gegen Napoleon an. Dies gilt in besonderem Maße für den auf der Medaille für Reichskanzler Bethmann-Hollweg (Kat.-Nr. 1) dargestellten stehenden Ritter, der breitbeinig hinter seinem nach unten gerichteten Schwert steht, dessen Griff er mit beiden Händen umfasst. Vorbild waren die geharnischten Grabwächter unterhalb der Plattform des damals gerade erst, nämlich 1913, von Kaiser Wilhelm II. eingeweihten Völkerschlachtdenkmals zu Leipzig. Dieses Bauwerk zur Erinnerung an den Sieg über Napoleon war zudem am 2. September, am sog. Sedanstag, an dem Frankreich im Deutsch-Französischen Krieg 1870 besiegt wurde, inauguriert worden, sodass sich mit ihm nicht nur der europäische Sieg über Napoleon, sondern auch der deutsche Triumph über Frankreich von 1870, der zur Reichsgründung geführt hatte, verband. Der nun ausgebrochene Weltkrieg, so die unterschwellige Botschaft der Medaille, war erneut ein Verteidigungskrieg, von dem Deutschlands Schicksal abhing, den Kaiser Wilhelm II. in seiner Rede an das deutsche Volk vom 6. August 1914 in diesem Sinne rechtfertigte:

> Seit der Reichsgründung ist es durch 43 Jahre Mein und Meiner Vorfahren heißes Bemühen gewesen, der Welt den Frieden zu erhalten und im Frieden unsere kraftvolle Entwicklung zu fördern. Aber die Gegner neiden uns den Erfolg unserer Arbeit. Eine offenkundige und heimliche Feindschaft von Ost und West, von jenseits der See haben wir zu ertragen im Bewußtsein unserer Verantwortung und Kraft. Nun aber will man uns demütigen. Man verlangt, daß wir mit verschränkten Armen zusehen, wie unsere Feinde sich zu tückischem Überfall rüsten. Man will nicht dulden, daß wir in entschlossener Treue zu unserem Bundesgenossen stehen, der um sein Ansehen als Großmacht kämpft und mit dessen Erniedrigung auch unsere Macht und Ehre verloren ist. So muß denn das Schwert entscheiden …

Diese Einschätzung teilte man unisono im Reich wie auch in Augsburg – bis hinauf zu den Kanzeln. Der für den jungen Brecht durchaus wichtige Dekan Detzer äußerte sich z. B. folgendermaßen:

> Nun aber ringen so große und so viele Völker miteinander, man hat sich verbündet, Deutschland in den Staub zu werfen, daß es ausscheidet aus dem Rat der Völker, daß es nichts mehr bedeutet in der Welt. Das darf nicht geschehen, wie sähe es aus in der Welt, wenn es kein Deutschland mehr gäbe …[30]

Das nach unten gerichtete Schwert bei den Kriegern des Völkerschlachtdenkmals ist einerseits eine Geste der Trauer am Ende eines siegreichen Abwehrkampfes, andererseits signalisiert sie Wehrhaftigkeit und Kampfbereitschaft. Eben diese Bildaussage schwingt nicht nur beim Geharnischten der Bethmann-Hollweg-Medaille mit, sondern auch bei zwei weiteren Rittergestalten in mittelalterlich anmutenden Fantasierüstungen mit Habsburger Doppeladler (Kat.-Nr. 6) und Reichsadler (Kat.-Nr. 11) und selbst bei der doch eher skurrilen Medaille auf Prinz Leopold von Bayern (Kat.-Nr. 21), die den 69-jährigen „Eroberer von Warschau" –

es war in Wirklichkeit eine kampflose Einnahme der Stadt – allegorisch als halbnackten, jugendlichen Krieger feiert, der mit nach unten gerichtetem Schwert vor dem Weichbild von Warschau posiert.

Seit den Befreiungskriegen von 1813/1815 (Leipzig/Waterloo), die als die Geburtsstunde eines deutschen Nationalbewusstseins gelten können, begann sich in Deutschland von Preußen ausgehend eine spezifische Bildsprache zur Erinnerung an den Sieg über Napoleon und die französische Armee auszubilden, die letztlich den Antagonismus von Gut und Böse thematisierte. Eine zentrale Rolle spielte dabei die Figur des gegen Satan kämpfenden Erzengels Michael, der erst im Laufe des 19. Jahrhunderts in Deutschland eine solche Symbolkraft und Bedeutung als nationale Identifikationsfigur erlangte, dass man am Vorabend des Ersten Weltkrieges in diesem endzeitlichen Kämpfer wie selbstverständlich einen genuin deutschen „Kriegsheiligen" sah.[31] Das Völkerschlachtdenkmal, dessen Eingang eine gigantische Statue des Erzengels bekrönt, ist ein anschauliches Beispiel für seine Inanspruchnahme durch die Deutschen als Kämpfer gegen das Böse, gegen ihre Feinde, in diesem Fall gegen Frankreich. In der Medaillenedition Grünthals wird die Vorstellung von der moralischen Überlegenheit der Deutschen gleichfalls thematisiert, allerdings nicht mittels christlicher Ikonografie und Einsatz des Erzengels Michael. Stattdessen bediente man sich der antiken Mythologie, um das nationale Denkmuster moralischer Suprematie zu visualisieren. Bezeichnenderweise wurde diese Bildidee vom Kampf des Guten gegen das Böse bei den zwei Hauptakteuren realisiert, die als Köpfe der Obersten Heeresleitung (OHL) eine umfassende Machtfülle besaßen, der sich auch Kaiser Wilhelm II. beugen musste: Die Medaille für General von Ludendorff (Kat.-Nr. 13) zeigt Herkules, der die Hydra bekämpft, die hier als Ungeheuer mit mehreren Schlangenköpfen vorgestellt wird. Im Gegensatz zur traditionellen Herkulesikonografie, die diesen zumeist gelockt und mit Vollbart zeigt, tritt er hier in „germanisierter" Form als bartloser Jüngling mit Seitenscheitel auf. Die Medaille für Generalfeldmarschall von Hindenburg (Kat.-Nr. 14) wiederum zeigt einen athletischen Heros in antikischer Nacktheit. Er steht auf einem flachen Sockel, den in sich verknotete Schlangen umschleichen. Mit bedrohlich erhobenen Köpfen blicken sie zum Muskelprotz auf, der eine von ihnen bereits mit dem rechten Fuß niedergetreten hat. Das Motiv speist sich zum einen aus dem Mythos von Herkules, der als Knabe Schlangen tötete und zum Manne gereift die Hydra bekämpfte. Zum anderen erscheint die Darstellung als eine antikischheroisierende Paraphrase von Darstellungen des Erzengels Michael, der Satan in den Abgrund tritt, wie auch des germanischen Sagenhelden Siegfried, zu dessen Füßen der von ihm getötete Drache liegt.[32] Die Beischrift „Furor teutonicus" gibt der Darstellung die entsprechende Stoßrichtung, indem sie die schon von den Römern gefürchtete „deutsche Kampfeswut" der germanischen Vorfahren beschwört: Allein auf sich selbst gestellt erwehrt sich das deutsche Volk aus eigener Kraft jeglicher Feinde.

Diese aus klassischer und germanischer Mythologie gewonnenen Bildfindungen propagieren eine wohl abendländische, jedoch keinesfalls humanistische, geschweige denn christliche Ethik, die hier völlig auf der Strecke bleibt. Die Medaillen huldigen vielmehr einer Ethik des Kampfes, die ihre Legitimation aus der vermeintlichen moralischen Überlegenheit eines sich in einem Abwehrkampf wähnenden Volkes bezieht. Zwei Schaustücke bringen diese Ethik klar zum Ausdruck: So zeigt die Medaille für den Kronprinzen Wilhelm (Kat.-Nr. 4) einen einzelnen klassischen Krieger in kampfbereiter Haltung, nackt und nur mit Helm, Schild und Schwert bewehrt, mit der Beischrift: *Durch Kampf zum Sieg*. Der Geharnischte mit Schwert und Rundschild auf der Medaille für Herzog Albrecht von Württemberg (Kat.-Nr. 10) hingegen ist ein Zwitter aus klassischem und mittelalterlichem Krieger. Mit diesen anachronistischen, verlogenen Bildern wird auf besonders eklatante Weise das reale Kriegsgeschehen idealisiert und damit verharmlost, denn sie stehen im krassen Missverhältnis zur hochmodernen Waffentechnik, der die Soldaten im Ersten Weltkrieg ausgesetzt waren. Dazu zählten bisher nicht gekannte Tötungsarten, wie z.B. 1915 auf deutscher Seite der Einsatz von Giftgas in der Schlacht bei Ypern. Eben an diese Schlacht erinnert die letztgenannte Medaille.

In die Medaillen ist ein spezifisches Geschichtsbild gegossen, das mit den Worten Sebastian Haffners ihre Betrachter glauben machen will, „Geschichte spiele sich zwischen einigen dutzend Leuten ab, die gerade ‚die Geschicke der Völker lenken' und deren Entschlüsse und Taten dann das ergeben, was später „Geschichte" heißt."[33] Die anderen, die Anonymen an der Front oder daheim, hatten in diesem Geschichtsbild keinen Platz, wenngleich ihnen der sinnentleerte Heldenkult der Medaillen auf makabre Weise gewissermaßen abgekauft worden war, wie der Ende 1914 verfasste Kriegsbrief eines an der Ostfront eingesetzten Soldaten an seine Familie zeigt:[34]

> Für das Gefecht an der Deime[35] sollen wir das sogenannte Blutgeld erhalten. Das giebt es nur nach einer besonders wichtigen, gewonnenen Schlacht und diese Gefechte rechnen nach allerhöchster Entscheidung zur Schlacht bei Tannenberg (vgl. Kat.-Nr. 14–17) … Das Geld beträgt 7/31 des Monatsgehalts = 140 M ca. … Das Blutgeld muss aber besonders für die Kinder angelegt werden.

Zumindest für einige wenige aus der großen Masse der Bevölkerung zahlte sich demnach der ausschließlich den *einigen dutzend Leuten* – Regenten, Generälen, Admirälen – zufallende Ruhm aus.

Augsburger Ansichten

Während die Kriegsmedaillen eine für begüterte bürgerliche Gesellschaftsschichten bestimmte Kunstgattung darstellten, gab es für die breite Masse in Form von Bild- und Feldpostkarten ein erschwingliches Medium von vergleichbarer Wirkung wie die hier präsentierten *Schaumünzen*. Wegen ihrer Breitenwirkung waren Bildpostkarten besonders geeignet, die in Menadiers Gründungsaufruf beschworene *Einmütigkeit und die Hingebung des gesamten Volkes* während des Weltkrieges zu bestärken. Als erschwingliche Erinnerungsstücke dieser *eisernen Zeit* des Weltkrieges (vgl. Kat.-Nr. 33) sind diese Druckerzeugnisse gewissermaßen die „Medaillen des kleinen Mannes": Mit einer repräsentativen Schauseite versehen, bieten ihre Rückseiten Platz für persönliche Botschaften jeglicher Art. Aufgrund ihrer massenhaften Produktion zur Zeit des Ersten Weltkrieges[36] wurden für die Augsburger Ausstellung und diesen Katalog nur solche Bildpostkarten als Fundstücke auf Antikmärkten zusammengestellt, die Kriegs- mit hiesigen Stadtmotiven verbinden bzw. deren Absender oder Empfänger – soweit denn die Karten gelaufen sind – einen Bezug zu Augsburg haben.

Neben Postkarten von Erinnerungs- bzw. eher dokumentarischem Charakter, die einen Familienvater in Uniform mit seiner jungen Familie (Kat.-Nr. 35), eine Kaserne (Kat.-Nr. 36), eine Kriegsruine (Kat.-Nr. 39) oder Lazarettszenen abbilden (Kat.-Nr. 42, 43), verfolgen andere Motive propagandistische Zwecke, indem sie an den nationalen Zusammenhalt (Kat.-Nr. 28) bzw. an die Solidarität und Spendenbereitschaft der Bevölkerung (Kat.-Nr. 33) appellieren, das Bündnis der Mittelmächte (Kat.-Nr. 29) feiern oder Generalfeldmarschall Hindenburg (Kat.-Nr. 31) huldigen. Ein prominentes Motiv ist der Perlachturm (Kat.-Nr. 29–31, 34), jener ca. 70 Meter hohe städtische Glockenturm beim Rathaus, den ein „Augsburger Mittelschüler" kurz nach Kriegsausbruch mit seinen Kameraden zu nächtlicher Stunde erklommen hatte, um dort nach feindlichen Flugzeugen Ausschau zu halten. Sein ausgerechnet am Augsburger Friedensfest, am 8. August 1914, in den *Augsburger Neuesten Nachrichten* erschienener Bericht dieser abenteuerlichen „Turmwacht" sollte Bertolt Brechts erstes in einer Tageszeitung abgedrucktes literarisches Werk sein. Der Perlachturm war zwar nicht der höchste Augsburger Turm – dies war bis zur Errichtung des 115 Meter hohen Hotelturms 1971 der 1594 vollendete Kirchturm von St. Ulrich und Afra mit immerhin 93 Metern Höhe –, doch er ist ein städtisches Gebäude, noch dazu eins von hoher Symbolkraft: Hier „residiert" seit dem 16. Jahrhundert der Erzengel Michael in Gestalt der beweglichen Holzfigur des Turamichele, das jeweils an seinem Festtag, dem 29. September, aus der Nische im Sockelgeschoss des Turmes herausgefahren wird, und mit den Stundenschlägen auf den ihm unterlegenen Satan einsticht. Der hl. Michael wurde traditionell mit der Schlacht auf dem Lechfeld gegen die Ungarn 955 n. Chr. in Verbindung gebracht. In Augsburg hatte er den Rang eines Stadtpatrons, während seine Bedeutung als Schutzengel des Reiches, die sich erst im 19. Jahrhundert herausbildete, seit dem Deutsch-Französischen Krieg auch für den Perlachturm instrumentalisiert wurde: Wie Brecht in einem seiner „Augsburger Kriegsbriefe" für die München-Augsburger Nachrichten schreibt, wurden … *am Abend vor dem Sedanstage … nach alter Sitte vom Perlachturm Choräle* geblasen.[37] Zur Zeit des Ersten Weltkrieges konnte man im Perlachturm als Erscheinungsort des Erzengels ein patriotisches Symbol deutschen Kampfesgeistes und Siegeswillens erkennen, wie eine Bildpostkarte (Kat.-Nr. 30) belegt.[38] Es lag nahe, 1916 in diesem symbolträchtigen Umfeld, auf dem kleinen Fischmarkt zwischen Perlachturm und Rathaus, die Augsburger Wehrsäule (Kat.-Nr. 33) als eine „besondere Form der Mobilisierung der Heimatfront"[39] aufzustellen.

Wie sehr die mit den verschiedensten Medien verfolgte Mobilisierung[40] die Menschen tatsächlich erreichte, bleibt ungewiss. Die zusammengetragenen Postkarten sind Splitter aus den nicht weiter dokumentierten Leben unbekannter Menschen – Soldaten von der Front, im Lazarett oder daheim Gebliebene. Sie alle verbindet nur die Tatsache, dass sie als zur Zeit des Ersten

Weltkrieges Lebende mehr oder weniger freiwillige Teilnehmer eines bedeutenden historischen Ereignisses sind, an das die Schauseiten der Postkarten erinnern. Die handschriftlichen Botschaften der Rückseiten sind einfache Zeugnisse aus dem alltäglichen Leben im und mit dem Krieg: Ein Rekrut schreibt einer Freundin – wohl in Erwartung eines baldigen Sieges –, man werde sich erst nach Kriegsende wieder treffen (Kat.-Nr. 36); ein Soldat meldet einer befreundeten Familie von der Front, er sei gesund und noch am Leben (Kat.-Nr. 39). Während ein Verwundeter aus dem Augsburger Lazarett seinen Lieben daheim seine baldige Verlegung in die Heimat ankündigt (Kat.-Nr. 42), steht ein anderer nach seiner Genesung wieder kurz vor der Abfahrt an die Front (Kat.-Nr. 43). Für eine daheim im Sanitätsdienst tätige Augsburgerin zerschlug sich ein vereinbartes Rendezvous mit einem Verehrer, weil beide daran gehindert wurden (Kat.-Nr. 33). Die Kartenschreiberin hatte frisch eingetroffene Verwundete versorgen müssen. Eine andere Augsburgerin bedankt sich für unbeschwerte Stunden bei fürsorglichen Freunden im Ries (Kat.-Nr. 30). Vereinzelt scheint sich aber doch eine aus den Fugen geratene Welt anzudeuten, wenn man aus dem Lazarett Freunden zuruft: *Immer Hungrig. Gebt Bald Antwort* (Kat.-Nr. 28).

Vom Frontgeschehen erfuhr man daheim durch die vermeintlich objektiven Heeresberichte der OHL (Kat.-Nr. 41), die die örtlichen Tageszeitungen als Extrablätter oder als Aushänge veröffentlichten. So verhielt es sich auch in Augsburg, wo der Zeitungskiosk am Königsplatz (Abb. 10) zentrale Anlaufstelle war, wie der junge Bertolt Brecht in seinem „Augsburger Kriegsbrief" vom 10. September schildert:[41]

„Maubeuge unser". Die Kunde durchlief blitzschnell wie ein Lauffeuer die ganz Stadt. Erleichternd, befreiend wirkt sie. Man hat wieder ein paar Tage nichts gehört und lechzt doch nach Neuigkeiten. Am Königsplatz stürmt man den Zeitungskiosk. Die Leute springen aus den Läden, den Häusern. Gruppen bilden sich … Die Zeitungsträger schreien sich heiser. Die ganze Hauptstraße schreit's entlang: „Vierzigtausend Franzosen für fünf Pfennige" schallt's in lockendem Angebot. Fünf Minuten nach Bekanntwerden des Sieges flattern schon überall Fahnen …

Kriegsspiele

Brechts Schilderung lässt das Unwirkliche dieser Heeresberichte erahnen, die auf die Bevölkerung anfangs eine geradezu elektrisierende Wirkung hatten und deren Verführungskraft man sich scheinbar nur schwer entziehen konnte. Symptomatisch ist die Wahrnehmung des 1907 geborenen Sebastian Haffner, die sicher nicht allein für seine Altersgruppe charakteristisch ist:[42]

Was zählte, war die Faszination des kriegerischen Spiels, eines Spiels, in dem nach geheimnisvollen Regeln Gefangenenzahlen, Geländegewinne, eroberte Festungen und versenkte Schiffe ungefähr die Rolle spielten wie Torschüsse beim Fußball oder „Punkte" beim Boxen. Ich wurde nicht müde, innerlich Punktetabellen zu führen …

Eine solche „Punktetabelle" findet sich auch auf dem ausgestellten Extrablatt der Augsburger Neuesten Nachrichten vom 6. November 1914, das insgesamt

433.247 Kriegsgefangene in Deutschland vermeldet und diese nach Nationen (Franzosen, Russen, Belgier und Engländer) und Rang – *Offiziere* (7.213) und *Mannschaften* (426.034) – aufschlüsselt. Von fremder Hand wurde diese Tabelle mit Bleistift fortgeführt und zum Stichtag 1. Januar 1915 mit 8.138 Offizieren und 577.875 Mann auf den neuesten Stand gebracht. Wo solche Zahlenspiele hinführen mussten, war nicht nur einem kindlichen Gemüt klar:

… ich hatte keine rechte Vorstellung mehr vom Frieden, wohl aber hatte ich eine Vorstellung vom „Endsieg". Der Endsieg, die große Summe, zu der sich alle die vielen Teilsiege, die der Heeresbericht enthielt, unvermeidlich zusammenaddieren mußten … war eine unvorstellbare Steigerung aller Siegesnachrichten … Danach war nichts mehr vorzustellen …

Abb. 10 Der Zeitungskiosk am Augsburger Königsplatz, Ansichtskarte, 1918

Der sicher geglaubte Sieg blieb aber aus und die Begeisterung der ersten Kriegsmonate war längst verflogen. Man hatte sich an den Krieg gewöhnt, an der Front wie auch daheim. Opfer der allgemeinen Ernüchterung und Kriegsmüdigkeit waren schließlich auch die Medailleneditionen Menadiers und Grünthals, die beide 1917 eingestellt wurden. So sehr ein Ende des Krieges ersehnt wurde, so unvorstellbar erschien die deutsche Niederlage, die viele nicht begreifen konnten. Dabei gab es ein Erklärungsmodell, sehr menschlich und unheroisch – viele jedoch, insbesondere „unsere Führer, unsere Helden" wollten es nicht wahrhaben, sondern sannen stattdessen auf eine Revanche für „Dolchstoß" und verpassten „Endsieg", die in so rücksichtsloser Brutalität mit allen menschlichen Werten brach, dass vor 70 Jahren nun die Welt sich fragte, wie sie aussähe, „... *wenn es kein Deutschland mehr gäbe*". Für Haffner stellte es sich so dar:[43]

„Was, z.B., hat bewirkt, daß 1918 Deutschland den Weltkrieg verlor und die Alliierten ihn gewannen? Ein Fortschritt in der Feldherrnkunst Fochs[44] und Haigs[45] und ein Nachlassen in der Ludendorffs? Keineswegs, sondern die Tatsache, daß der „deutsche Soldat", also die Mehrzahl einer Masse von anonymen 10 Millionen, plötzlich nicht mehr, wie bisher, willig war, bei jedem Angriff sein Leben einzusetzen und die eigene Stellung bis zum letzten Mann zu halten. Wo hat sich dieser entscheidende Wandel abgespielt? Keineswegs in geheimen meuterischen Massenzusammenkünften der deutschen Soldaten, sondern unkontrolliert und unkontrollierbar in der Brust jedes Einzelnen von ihnen. Die meisten hätten ihn kaum zu bezeichnen gewußt und einen höchst komplizierten, höchst geschichtsträchtigen seelischen Vorgang höchstens in dem Ausruf „Scheiße" zusammengefaßt. Hätte man diejenigen unter ihnen, die die Gabe der Sprache besaßen, interviewt, so hätte man bei jedem ein Bündel höchst zufälliger, höchst privater ... Gedanken, Gefühle und Erlebnisse vorgefunden, in dem Briefe von zu Hause, persönlichen Beziehungen zum Feldwebel, Ansichten über das Essen dicht neben Gedanken über Aussichten und Sinn des Krieges und ... über den Sinn und Wert des Lebens gelegen hätten."

Es war, wie Jürgen Hillesheim abschließend darlegt, dem ehemaligen Augsburger Mittelschüler (Kat.-Nr. 45–47), der diese Gabe der Sprache besaß, vorbehalten, eben jene Gedanken einer anonymen Masse wahrzunehmen und – um Menadiers Worte zu gebrauchen – „im unvergänglichen Stoff" der Dichtkunst zu verewigen.

ANMERKUNGEN

1. Archiv der Kunstsammlungen und Museen Augsburg (Standort: Grafische Sammlung):
    1) Zugangsbuch der Kunstsammlungen Augsburg, Bd. 1 (1912–1923)
    2) Zugangsbuch und Vermögens-Verzeichnis der Städtischen Kunstsammlungen 1956–2001 (Zu- und Abgangsbuch, Bd. 2).
2. Archiv der Kunstsammlungen und Museen Augsburg (Standort: Grafische Sammlung).
3. Archiv der Kunstsammlungen und Museen Augsburg (Standort: Büro Leiter Maximilianmuseum).
4. Laut ihrem Abschlussbericht vom 14.2.1984 inventarisierte Gerlind Werner im Rahmen eines von der Stiftung Volkswagenwerk geförderten Projekts von 1980 bis 1983 die knapp 6.000 Objekte umfassende Münzsammlung des Maximilianmuseums. 1984 konnte sie für ein halbes Jahr die rund 4.000 Objekte umfassende Medaillensammlung des Museums bearbeiten, Archiv der Kunstsammlungen und Museen Augsburg (Standort: Büro Leiter Maximilianmuseum).
5. Als unentbehrlicher Bestandteil einer Kunstkammer werden Medaillen 1565 von Samuel Quiccheberg in seinem Traktat *INSCRIPTIONES VEL TITVLI THEATRI AMPLISSIMI* (Classis secunda, Inscriptio octava) genannt, siehe Roth 2000, S. 50–51.
6. Kat. Ausst. Augsburg 2010, S. 246, Kat. Nr. M 24.
7. Kaisheimer Kreuzigung, um 1500, Bayerische Staatsgemäldesammlungen, Staatsgalerie Augsburg, Inv.-Nr. 4551, s. Kat. Slg. Augsburg 2002, S. 57, Nr. 48, S. 84; Kat. Ausst. Augsburg 1988, S. 62–63.
8. Siehe dazu Kranz 2013, S. 39–44 und Kat. Aust. München 2013, S. 185–196.
9. Kastenholz 2006, S. 141–142, Kat.-Nr. 17.
10. von Forster 1910, S. 85–142, Nr. 635–962.
11. Stadtlexikon 1998, S. 873, s.v. Thiébaud, Jonas.
12. Stadtlexikon 1998, S. 364, s.v. Drentwett, Prägeanstalt.
13. Der Aufruf abgebildet bei Steguweit 1998, S. 7, Abb. 1.
14. Zu Menadiers Medaillenedition Steguweit 1998, bes. S. 7–9; Steguweit 2014, S. 18–22.
15. Zitat Menadiers nach Bannicke 2014, S. 26.
16. Weitere Firmen nennt Bannicke 2014, S. 26–29. Die nachfolgend genannten Medaillen in der Münzsammlung des Maximilianmuseums.
17. Zu Sturm siehe Grund 1989.
18. Bannicke 2015, S. 25.
19. Siehe dazu Bannicke 2014, S. 25.
20. Siehe in diesem Katalog das Verzeichnis „Verlag und Medailleure", S. 139.
21. Kat. Ball 1927, S. 66–80, Nr. 7378–7452.
22. Laut Zetzmann 2002 lassen sich nur die kleinen Silbermedaillen nachweisen, nicht jedoch die gegossenen mit 110 mm Durchmesser.
23. Kat. Ball 1927, S. 73, Nr. 7414.
24. Entgegen den Angaben und der Abbildung in der Verkaufsliste Kat. Ball 1927, S. 73, Nr. 7416 (dort nur: *1914*) ist die Ludendorff-Medaille des Maximilianmuseums *1914–1917* datiert.
25. Siehe dazu Meinold 2009, S. 7–8. Zu den Charakteristika der Medaillen der deutschen Kriegsgegner siehe Dahmen 2014.
26. Kat. Ball 1927, S. 68, Nr. 7389.
27. Kat. Ball 1927, S. 78, Nr. 7441, 7442.
28. Meinold 2009, S. 4.
29. Zu Tiermotiven auf Weltkriegsmedaillen siehe Berthold 2014.
30. Aus der Predigt des Dekans Hans Detzer in der Barfüßerkirche am 9. August 1914, in: Aus der Tiefe rufe ich, Herr, zu Dir! Zwei Predigten von Dekan Detzer und Pfarrer Jäger, Augsburg 1914, S. 8. Zu Detzer siehe auch den Beitrag von Jürgen Hillesheim in diesem Katalog, S. 121.

31 Siehe dazu die ausgezeichnete Studie von Galle 2002.
32 Siehe Galle 2002, S. 89–94.
33 Haffner 2000, S. 170.
34 Kriegsbrief von Harry Marcuse an seine Frau Mimi vom 1. November 1914, in: Reisner 2013, S. 71.
35 Ins Kurische Haff mündender Zweigfluss des Pregel im ehemaligen Ostpreußen. Vom 28. August bis 9. September 1914 kam es dort zu Stellungskämpfen zwischen der deutschen und der russischen Armee.
36 Vgl. Steguweit 2014, S. 16–17. Beispielhaft z. B. die Publikation von Hamann 2014.
37 Augsburger Kriegsbrief, in: München-Augsburger Abendzeitung, 4. September 1914, GBA, Bd. 21, S. 19.
38 Vgl. Galle 2002, S. 28–29 und passim.
39 Schmitz/Popp, S. 2.
40 Siehe dazu Steguweit 2014, S. 16–20.
41 Augsburger Kriegsbrief, in: München-Augsburger Abendzeitung, 11. September 1914, GBA, Bd. 21, S. 21.
42 Haffner 2000, S. 20.
43 Haffner 2000, S. 171–172.
44 Ferdinand Foch (1851–1929), französischer Marschall, erhielt im März 1918 von den Alliierten das Kommando über die gesamte Westfront und befehligte die sog. Hunderttageoffensive, die den Ersten Weltkrieg beendete.
45 Douglas Haig (1861–1928), britischer Feldmarschall und Oberbefehlshaber bei der alliierten Offensive an der Westfront vom August 1918.

KATALOG

1 REICHSKANZLER VON BETHMANN HOLLWEG, 1915 (Franz Eue)

Theobald von Bethmann Hollweg (1856–1921) war von 1905 bis 1907 preußischer Innenminister und von 1909 bis 1917 deutscher Reichskanzler. Der national-liberale Politiker unterstützte die enge Bündnispolitik Kaiser Wilhelms II. mit Österreich-Ungarn. An der Spitze der Reichsregierung stehend unterzeichnete er am 31. Juli 1914 mit dem Kaiser die Erklärung des Kriegszustandes im Deutschen Kaiserreich. In dem am 9. September 1914 verfassten Septemberprogramm formulierte Bethmann Hollweg die deutschen Kriegsziele: Erlangung der politischen und wirtschaftlichen Weltmachtstellung des Deutschen Reiches, Schwächung Frankreichs, Umwandlung der deutschen Nachbar-

Vs.: Reichskanzler Theobald von Bethmann Hollweg in Uniform, Brustbildnis von vorn, nach links
Umschrift: *v. BETHMANN / HOLLWEG*
Signiert: *Fr. Eue*

staaten in Vasallenstaaten, Brechung der Vormachtstellung Russlands. Im Laufe des Krieges geriet der im Innern um politische Reformen und nach außen um einen Verhandlungsfrieden bemühte Bethmann Hollweg in Konfrontation mit den Kriegsgegnern im Reichstag wie auch mit der Obersten Heeresleitung (OHL), an deren Spitze Hindenburg und Ludendorff (Kat.-Nr. 13, 14) standen. Ein Ultimatum der OHL an den Kaiser führte zum Rücktritt Bethmann Hollwegs.

Literatur:
Kat. Ball 1927, Nr. 7381 – Vgl. Zetzmann 2002, Nr. 2001

Rs.: Stehender Ritter im Harnisch mit Schwert
Im Feld: *1. AUG. / 1914*
Signiert: *BALL BERLIN*
Eisenguss, geschwärzt, berieben
Dm. 10,9 cm, 308 g

2 KAISER WILHELM II., 1915
(Paul Sturm)

Wilhelm II. (1859–1941) aus der Dynastie der Hohenzollern war von 1888 bis zu seiner Abdankung 1918 letzter deutscher Kaiser. Nach schulischer Ausbildung und Militärdienst bis zum Rang eines Kommandeurs wurde Wilhelm nach der nur 99 Tage währenden Regentschaft seines Vaters Friedrich III. (1831–1888) mit 29 Jahren Deutscher Kaiser. Der auf Deutschlands „Weltgeltung" pochende, stark militärisch geprägte Kaiser verschärfte durch Aufrüstung (vgl. Kat.-Nr. 20), forcierte Kolonial- und einseitige Bündnispolitik die außenpolitische Isolierung des Deutschen Reiches. Dessen einziger Bündnispartner vor Ausbruch des Ersten Weltkrieges war Österreich-Ungarn, während sich Frankreich, Großbritannien und Russland gegen die *Mittelmächte* zur *Entente* zusammengeschlossen hatten. Mit der Ermordung des österreichischen Thronfolgers Erzherzog Franz Ferdinand am 28. Juni 1914 (vgl. Kat.-Nr. 6) und der ein Monat später erfolgten Kriegserklärung Österreich-Ungarns an Serbien erklärte Wilhelm II. am 1. August Frankreich und am 3. August Russland den Krieg. Größte Popularität erlangte er mit seiner Reichstagsrede vom 4. August und seinem Ausruf:

Vs.: Kaiser Wilhelm II. in Uniform mit Krone-und-Schwerter-Auflage, Orden Pour le Mérite und Eisernem Kreuz, vor ihm Eisernes Kreuz mit Krone, Initiale *W* und Jahreszahl *1915*, Brustbildnis im Profil nach rechts, am Rand stilisierter Lorbeerkranz
Signiert: *PAVL STURM*

„Ich kenne keine Parteien mehr, ich kenne nur noch Deutsche". Deutschlands Missachtung der Neutralität Belgiens zur Durchführung des Schlieffen-Plans (vgl. Kat.-Nr. 13) führte zum Kriegseintritt Großbritanniens. Seit 1916 führten Hindenburg und Ludendorff (Kat.-Nr. 13, 14) die Oberste Heeresleitung (OHL) mit nahezu uneingeschränkter Machtfülle. Als diese im Laufe des Jahres 1918 die Unmöglichkeit eines deutschen Sieges erkannten, forderten sie am 28. September 1918 Waffenstillstandsverhandlungen durch die Reichsregierung. Eine zentrale Bedingung der Alliierten war die Abdankung des Kaisers, die offiziell am 28. November 1918 erfolgte. Bereits am 9. November hatte Philipp Scheidemann in Berlin die Republik ausgerufen. Der Auslieferung an die Siegermächte entging Wilhelm durch das ihm von den Niederlanden gewährte Asyl. So lebte er von 1920 bis zu seinem Tod im Haus Doorn, wo er noch 1922 nach dem Tode seiner Gemahlin Auguste Victoria (Kat.-Nr. 3) Hermine von Schönaich-Carolath (1887–1947) heiratete.

Literatur:
Kat. Ball 1927, Nr. 7447 – Vgl. Zetzmann 2002, Nr. 6003

Rs.: Soldaten werden mit dem Eisernen Kreuz ausgezeichnet
Umschrift: *HELDEN ÜBERALL / ZUR SEE · ZU / LANDE · IN DER LUFT*
Signiert: *GRÜNTHAL V. / STURM FEC.*
Eisenguss, geschwärzt, berieben
Dm. 11,8 cm, 325 g

3 KAISERIN AUGUSTE VICTORIA, 1914
(Paul Sturm)

Auguste Victoria von Schleswig-Holstein-Sonderburg-Augustenburg (1858–1921) war die Gemahlin Wilhelms II. (Kat.-Nr. 2) und damit letzte Deutsche Kaiserin und Königin von Preußen. Aus der 1881 geschlossenen Ehe gingen sieben Kinder hervor. Die karitativ und religiös engagierte Kaiserin war im Ersten Weltkrieg in verschiedenen wohltätigen Organisationen tätig und übernahm u. a. das Protektorat über die Deutsche Rot-Kreuz-Gesellschaft.

Vs.: Kaiserin Auguste Victoria mit Diadem, Perlenkette und dem Schwarzen Adlerorden, vor ihr die Rot-Kreuz-Medaille 1. Klasse, Brustbildnis im Profil nach links, am Rand stilisierter Lorbeerkranz.
Im Feld rechts: *AUGUSTE / VICTORIA*
Signiert: *STURM · F ·*

1918 folgte sie Kaiser Wilhelm II. ins niederländische Exil, wo sie auch starb. Auguste Victoria wurde in Potsdam im Schlosspark von Sanssouci bestattet. Die 1914 von der Kaiserin gestiftete Silbermedaille (Dm. ca. 35 mm) wurde verdienten Krankenschwestern und Sanitätern des Roten Kreuzes verliehen.

Literatur:
Kat. Ball 1927, Nr. 7441 – Vgl. Zetzmann 2002, Nr. 5005

Rs.: Ein Sanitäter und eine Krankenschwester verbinden einen stehenden Verwundeten
Umschrift: *B·A·R·M/H·E·R·Z/G·K·E·I·T·/*
Im Feld rechts: *1914*
Signiert: *GRÜNTHAL VERL. / STURM·FEC*
Eisenguss, geschwärzt, berieben
Dm. 11,3 cm, 301 g

4 KRONPRINZ WILHELM VON PREUSSEN, 1914 (Rudolf Küchler)

Wilhelm von Preußen (1882–1951) war der älteste Sohn Kaiser Wilhelms II. und seiner Gemahlin Auguste Victoria (Kat.-Nr. 2, 3). Von 1888 bis zur Novemberrevolution 1918 war er designierter Thronfolger. Mit dem Tod seines Vaters 1941 wurde er Chef des Hauses Hohenzollern. Im Ersten Weltkrieg kommandierte er formal die an der Schlacht um Verdun beteiligte 5. Armee, die in der Grenzschlacht von Longwy vom 22. bis 25. August 1914 die französischen Truppen an die Maas zurückdrängte. Für seine Verdienste in dieser

Vs.: Kronprinz Wilhelm in Uniform mit Mütze der Totenkopfhusaren, Brustbildnis im Profil nach links
Umschrift: · *KRONPRINZ / WILHELM* ·

Schlacht erhielt Wilhelm am 22. August 1915 den Orden Pour le Mérite. Der stark militärisch geprägte Kronprinz unterstützte entschieden die Position der Obersten Heeresleitung (Kat.-Nr. 13, 14), die die Bemühungen der Reichsregierung um einen Verhandlungsfrieden strikt ablehnte.

Literatur:
Kat. Ball 1927, Nr. 7450 – Vgl. Zetzmann 2002, Nr. 4019

Rs.: Nackter, nach rechts schreitender Krieger mit hochgeschobenem, griechischem Helm, Schwert in der zum Stoß ausholenden Rechten und Rundschild am erhobenen linken Arm
Umschrift: *DURCH KAMPF / ZUM SIEG*
Im Feld rechts: *22.8. 1914*
Signiert: *VERL. BALL BERLIN*
Eisenguss, geschwärzt, berieben
Dm. 9,9 cm, 251 g

5 KAISER WILHELM II., KAISER FRANZ JOSEPH, SULTAN MEHMED V., 1915 (Paul Sturm)

Mit dem Regierungsantritt Kaiser Wilhelms II. (1859–1941) im Jahr 1888 begann die außenpolitische Isolierung des Deutschen Reiches. Die Einbindung Russlands unter Reichskanzler Otto von Bismarck (1815–1898) wurde aufgegeben, sodass sich dieses nun den miteinander verbündeten Westmächten Frankreich und Großbritannien, denen sich später Italien anschloss, annäherte. Mit Ausbruch des Ersten Weltkrieges schloss das allein mit Österreich-Ungarn und Kaiser Franz Joseph (1830–1916) verbündete Deutsche Kaiserreich ein Bündnis mit Sultan Mehmed V. Reşad (1844–1918) und dem Osmanischen Reich, mit dem man schon länger wirtschaftlich wie militärisch kooperierte. Das Osmanische Reich hoffte auf territoriale Gewinne vor

Vs.: In Akanthusblattrahmen die Bildnisse des deutschen Kaisers Wilhelm II., des österreichischen Kaisers Franz Joseph und des Sultans Mehmed V. Reşad
Umschrift: *SOLI / DEO / GLORIA*

allem in Armenien und Ägypten, während sich die Mittelmächte Deutschland und Österreich-Ungarn in erster Linie strategische Vorteile von dem Bündnis versprachen. Noch im November 1914 erklärten Russland, Großbritannien und Frankreich dem Osmanischen Reich den Krieg. Im September 1915 wurde das Zarentum Bulgarien vierter Bündnispartner der Mittelmächte (vgl. Kat.-Nr. 29), das sich davon die Wiedergewinnung des an Serbien verlorenen Mazedonien erhoffte.

Literatur:
Kat. Ball 1927, Nr. 7388 (dort als türkischer Bundeskaiser fälschlich Abdul Hamid genannt) – Vgl. Zetzmann 2002, Nr. 3033

Rs.: Ein Adler auf Eichenast sitzend, der Kopf nach links
Umschrift: *WAFFENBRÜDERSCHAFT / 19 / 15*
Im Feld links: *DEUTSCH / LAND*
Im Feld rechts: *OESTR · / UNGARN*
Im Feld unten: *TÜRKEI*
Signiert: *P. STURM GRÜNTHAL · VERL*
Eisenguss, geschwärzt, berieben
Dm. 11,3 cm, 290 g

6 ERZHERZOG KARL FRANZ JOSEF, um 1916 (E. Greier)

Karl I. (1887–1922), Großneffe des österreichischen Kaisers Franz Joseph I., war von 1916 bis 1918 der letzte Kaiser von Österreich. Seit 1911 war er mit Zita von Bourbon-Parma (1892–1989) verheiratet. Die Ermordung seines Onkels Franz Ferdinand, des designierten Thronfolgers, 1914 in Sarajevo hatte zum Ausbruch des Ersten Weltkrieges geführt, dessen Anfang Erzherzog Karl als Mitglied des obersten Armeekommandos erlebte. Im Juli 1916 leitete er bis zu seiner Thronübernahme im Dezember die neu gebildete Heeresgruppe „Erzherzog Karl", die an der neuen rumänischen Front

Vs.: Erzherzog Karl Franz Josef von Österreich-Este in Uniform, Brustbildnis fast von vorn, nach rechts
Umschrift: *ERZHERZOG KARL FRANZ / JOSEF von ÖSTERREICH-ESTE*
Signiert: *VERLAG BALL BERLIN. / E GREIER.*

kämpfte. Als Kaiser Österreich-Ungarns manövrierte sich der um einen Verhandlungsfrieden bemühte Habsburger durch unglückliche diplomatische Aktivitäten in starke militärische und politische Abhängigkeit vom Deutschen Kaiserreich und der Obersten Heeresleitung, die kompromisslos auf einen militärischen Sieg setzte.

Literatur:
Kat. Ball 1927, Nr. 7440 – Vgl. Zetzmann 2002, Nr. 3036

Rs.: Der Erzherzog als Kaiser in Rüstung mit Doppeladler auf Brustharnisch und Feldherrnmantel, die Rechte hält einen Zweihänder, im Hintergrund rechts kanonenbewehrte Festung an der Küste, links über Meer aufgehende Sonne.
Umschrift: *STARK IM KAMPF – / GÜTIG IM FRIEDEN*
Signiert: *VERLAG BALL BERLIN / E. GREIER*
Eisenguss, geschwärzt, berieben
Dm. 10,8 cm, 332 g

7 KÖNIG LUDWIG III. VON BAYERN, 1915
(Franz Eue)

Ludwig III. (1845–1921), Sohn des Prinzregenten Luitpold, war von 1913 bis 1918 der letzte König von Bayern. Der konservative Monarch versprach sich von dem von ihm lebhaft begrüßten Weltkrieg territoriale Gewinne für Bayern, insbesondere das Elsass und Teile Belgiens. Als Generalfeldmarschall der bayerischen Armee und ab 1915 als preußischer Generalfeldmarschall übernahm er ausschließlich repräsentative Aufgaben. Gegen Ende des Ersten Weltkrieges

Vs.: König Ludwig III. von Bayern in Uniform, Brustbildnis im Profil nach links
Umschrift: *LUDWIG III / v. BAYERN*
Signiert: *Fr. Eue*

rief der Sozialist Kurt Eisner (1867–1919) im Zuge der Novemberrevolution am 8. November 1918 in München den Freistaat Bayern aus und erklärte König Ludwig und damit die Dynastie der Wittelsbacher für abgesetzt.

Literatur:
Kat. Ball 1927, Nr. 7438 – Vgl. Zetzmann 2002, Nr. 2147

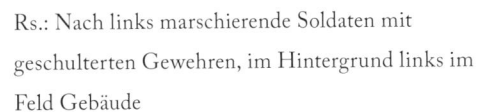

Rs.: Nach links marschierende Soldaten mit geschulterten Gewehren, im Hintergrund links im Feld Gebäude
Im Feld links: *1914 / 15*
Signiert: *VERL. BALL BERLIN*
Eisenguss, geschwärzt, berieben
Dm. 10,6 cm, 373 g

8 KRONPRINZ RUPPRECHT VON BAYERN, 1915 (Franz Eue)

Rupprecht (1869–1955), Sohn König Ludwigs III. von Bayern, war der letzte bayerische Kronprinz. Nach einer glänzenden militärischen Laufbahn in verschiedenen bayerischen Regimentern übernahm der kunstinteressierte Wittelsbacher mit Ausbruch des Ersten Weltkrieges das Oberkommando über die deutsche 6. Armee, die zu einem Großteil aus Verbänden der bayerischen Armee bestand und an der Westfront eingesetzt wurde. In der Schlacht in Lothringen im August 1914 erzielte er erste militärische Erfolge. Besondere Verdienste erwarb er sich in den

Vs.: Kronprinz Rupprecht von Bayern in Uniform, Brustbildnis von vorn
Umschrift: *RUPPRECHT / von BAYERN*
Signiert: *Fr. Eue*

für Franzosen, Engländer und Deutsche äußerst verlustreichen und militärisch ergebnislosen Schlachten von 1915 bei Neuve Chapelle und um die Loretto-Höhe. Der 1916 zum Generalfeldmarschall ernannte Rupprecht übernahm im gleichen Jahr das Kommando über die neu geschaffene, eigene Heeresgruppe „Kronprinz Rupprecht".

Literatur:
Kat. Ball 1927, Nr. 7439 – Vgl. Zetzmann 2002, Nr. 2112

Rs.: Soldat nach rechts mit erhobenem Gewehr zum Schlag ausholend
Umschrift: *DIE BAYERN MIT / DEM LÖWENMUT*
Signiert: *BALL BERLIN*
Im Feld links: *1914*
Im Feld rechts: *1915*
Eisenguss, geschwärzt, berieben
Dm. 10,2 cm, 263 g

9 GROSSHERZOG FRIEDRICH II. VON BADEN, um 1916 (Franz Eue)

Friedrich II. (1857–1928) war der letzte Großherzog von Baden. Er regierte von 1907 bis 1918. Seinen militärischen Dienst versah er in der preußisch-deutschen Armee, in der die badischen Truppen aufgegangen waren. 1902 bereits aus der Armee ausgeschieden, war Herzog Friedrich aus gesundheitlichen Gründen im Ersten Weltkrieg nicht mehr militärisch aktiv. Die Medaille würdigt allgemein die Beteiligung des

Vs.: Großherzog Friedrich II. von Baden in Uniform, Brustbildnis von vorn
Umschrift: *GROSSHERZOG / FRIEDRICH II. v. BADEN*
Signiert: *Fr. Eue*

an der Grenze zu Frankreich gelegenen Großherzogtums Baden im Ersten Weltkrieg. In der Schlacht in Lothringen (20.–22. August 1914) hatten badische und bayerische Einheiten der 6. Armee erfolgreich gegen französische Truppen gekämpft.

Literatur:
Kat. Ball 1927, Nr. 7436 – Vgl. Zetzmann 2002, Nr. 4142

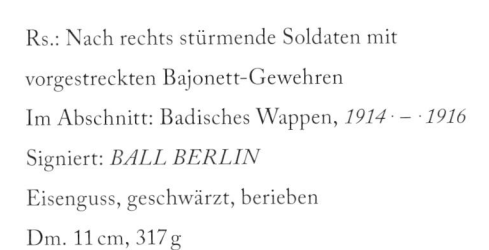

Rs.: Nach rechts stürmende Soldaten mit vorgestreckten Bajonett-Gewehren
Im Abschnitt: Badisches Wappen, *1914 · – · 1916*
Signiert: *BALL BERLIN*
Eisenguss, geschwärzt, berieben
Dm. 11 cm, 317 g

10 HERZOG ALBRECHT VON WÜRTTEMBERG, 1915 (Franz Eue)

Herzog Albrecht (1865–1939) war der designierte Thronfolger König Wilhelms II. von Württemberg. Bei Ausbruch des Ersten Weltkrieges wurde der hochrangige Militär Oberbefehlshaber der an der Westfront eingesetzten 4. Armee, die unter seiner Führung am 23. August 1914 in der Grenzschlacht von Neufchâteau die französische 4. Armee besiegte. Albrecht hatte den Oberbefehl in der Ersten Flandernschlacht von Oktober/November 1914, bei der in der berüchtigten Schlacht von Langemarck auf deutscher Seite unter großen Verlusten ungediente

Vs.: Herzog Albrecht von Württemberg in Uniform, Brustbildnis im Profil nach rechts
Umschrift: *ALBRECHT / v. WÜRTTEMBERG*

und mangelhaft ausgebildete Reservisten kämpften. In der am 22. April 1915 begonnenen Zweiten Flandernschlacht, zu deren Befehlshabern auf deutscher Seite Herzog Albrecht zählte, wurde bei dem vergeblichen Versuch, die Stellungen der Alliierten bei Ypern zu durchbrechen, von den Deutschen unter Missachtung der Haager Landkriegsordnung erstmals Giftgas (Chlorgas) eingesetzt.

Literatur:
Kat. Ball 1927, Nr. 7452 – Vgl. Zetzmann 2002, Nr. 4109

Rs.: Nach rechts schreitender Krieger in vollem Harnisch mit hochgeschobenem, griechischem Helm, Schwert in der zum Stoß ausholenden Rechten und Rundschild am erhobenen linken Arm
Umschrift: *NEUFCHÂTEAU 23.8.1914 / YPERN 22.4. – 2.5.1915*
Im Abschnitt signiert: *BALL BERLIN*
Eisenguss, geschwärzt, berieben
Dm. 11 cm, 290 g

11 GENERALOBERST VON EINEM, 1916
(Franz Eue)

Der aus einer niedersächsischen Adelsfamilie stammende Karl von Einem (1853–1934) hatte als Fähnrich bereits am Deutsch-Französischen Krieg 1870/71 teilgenommen. 1903 berief Kaiser Wilhelm II. (Kat.-Nr. 2) den ultra-konservativen Militär in das Amt des preußischen Kriegsministers. Als Kommandierender General des VII. Armee-Korps nahm er bei Kriegsausbruch am deutschen Überfall auf Belgien und an

Vs.: Generaloberst Karl von Einem in Uniform, Brustbildnis von vorn
Umschrift: *von EINEM / GENERALOBERST*
Signiert: *F. Eue*

der Schlacht von Lüttich teil. Noch im September 1914 übernahm er das Kommando über die an der Westfront in Frankreich eingesetzte 3. Armee, die bis Kriegsende in der Champagne zur Abwehr französischer Angriffe im Einsatz war.

Literatur:
Kat. Ball 1927, Nr. 7390 – Vgl. Zetzmann 2002, Nr. 2153

Rs.: Stehender Ritter mit Helm, Schwert in der Rechten und Langschild mit Reichsadler in der Linken. Er steht, nach links schauend, in weiter Ebene mit aufgehender Sonne links am Horizont und Feuersäule rechts.
Umschrift: *1914 – / 1915*
Signiert: *BALL BERLIN*
Eisenguss, geschwärzt, berieben
Dm. 11,2 cm, 248 g

12 GENERALOBERST VON KLUCK, 1915
(Arthur L. Galambos)

Der Westfale Alexander von Kluck (1846–1934) hatte als Angehöriger der Preußischen Armee sowohl am Deutschen Krieg von 1866 als auch am Deutsch-Französischen Krieg von 1870/71 teilgenommen. Seine militärische Karriere wurde Anfang 1914 mit der Beförderung zum Generaloberst, dem höchsten Generalsrang, bekrönt. Bei Kriegsausbruch befehligte von Kluck die 1. Armee, die nach Maßgabe des sog. Schlieffen-Plans in den ersten Kriegswochen durch den Einfall in Belgien und von Nordfrankreich aus Paris handstreichartig einnehmen sollte (vgl. Kat.-Nr. 13). Die militärischen Kräfte sollten sich dann auf die Ostfront konzentrieren. An der Umsetzung dieses

Vs.: Generaloberst Alexander von Kluck in Uniform mit Orden Pour le Mérite, Brustbildnis von vorn nach halb rechts
Umschrift: *GENERAL= / OBERST v. KLUCK*
Signiert im rechten Feld: ligiertes *AG*.
(Arthur L. Galambos)

Plans, bei der von Klucks 1. Armee eine zentrale Rolle spielte, schlug nicht zuletzt durch das eigenmächtige Vorgehen des Generalobersten im September 1914 in der für die deutsche Seite äußerst verlustreichen Schlacht an der Marne fehl, bei der französische und englische Truppen die deutsche Offensive zum Stillstand brachten. Obwohl man bereits zu diesem Zeitpunkt auf deutscher Seite realisierte, dass damit der Krieg letztlich verloren war, folgte ein jahrelanger Stellungskrieg.

Literatur:
Kat. Ball 1927, Nr. 7411 – Vgl. Zetzmann 2002, Nr. 4106

Rs.: Kavallerist nach links in voller Ausrüstung mit Lanze und Gewehr
Im Feld rechts: Jahreszahlen: *1914–15* und Signatur: ligiertes *AG*.
Eisenguss, geschwärzt, berieben
Dm. 11 cm, 330 g

13 GENERAL LUDENDORFF, 1917
(Franz Eue)

Der in der preußischen Provinz Posen geborene Rittmeistersohn Erich Ludendorff (1865–1937) war für eine militärische Laufbahn bestimmt und wurde Berufsoffizier in der preußischen Armee, in der er kurz vor Kriegsausbruch bis zum Generalmajor aufgestiegen war. Schon vorher hatte er sich als Stratege mit dem Kriegsfall beschäftigt und den sog. Schlieffen-Plan modifiziert, der für das Deutsche Reich die Strategie eines Zwei-Fronten-Kriegs entwarf, deren entscheidendes Element der Durchmarsch durch Belgien war. Ludendorffs Ruhm gründete auf seine Verdienste bei der raschen Einnahme Lüttichs Anfang August 1914, wofür ihm der Orden Pour le Mérite verliehen wurde. Wenig später an der Ostfront eingesetzt, hatte er als Stabschef Hindenburgs (Kat.-Nr. 14) maßgeblichen Anteil an der Schlacht bei Tannenberg. Beide führten ab August 1916 die Oberste Heeresleitung (OHL) mit einer fast uneingeschränkten Machtfülle, die sie

Vs.: General Erich Ludendorff in Uniform mit Orden Pour le Mérite, Brustbildnis von vorn, leicht nach rechts
Umschrift: *LUDENDORFF*
Signiert: *Frz. EUE*

insbesondere im sich zuspitzenden Konflikt mit dem Reichskanzler von Bethmann-Hollweg (Kat.-Nr. 1) einsetzten. 1917 befand sich Ludendorff, dem man im Reich – wie die allegorische Darstellung der Medaillenrückseite nahelegt – nahezu unmögliches zutraute, auf dem Höhepunkt seiner Macht: Mit der Erklärung des uneingeschränkten U-Boot-Krieges nahm er den Kriegseintritt der USA billigend in Kauf, zur Destabilisierung Russlands ermöglichte er die Durchreise Lenins nach St. Petersburg, zur Steigerung kriegswichtiger Produktion forderte er die Zwangsarbeit und damit verbundene Deportation vornehmlich der belgischen Bevölkerung. Schließlich erzwang er den Rücktritt des Reichskanzlers.

Literatur:
Kat. Ball 1927, Nr. 7416 – Vgl. Zetzmann 2002, Nr. 4063

Rs.: Dreiviertelfigur eines nackten Jünglings (Herkules) mit Lendenschurz, der nach rechts gewendet mit erhobenem Schwert gegen die Hydra kämpft
Im Feld links: *1914–17*
Signiert: *BALL BERLIN*
Eisenguss, geschwärzt, berieben
Dm. 9,2 cm, 164 g

14 GENERALFELDMARSCHALL VON HINDENBURG, 1915 (Franz Eue, Max Ziegler)

Der einem ostpreußischen Adelsgeschlecht entstammende Paul von Hindenburg (1847–1934) schlug wie sein Vater die militärische Laufbahn ein und kämpfte im Deutschen Krieg 1866 wie auch im Deutsch-Französischen Krieg 1870/71. Im Rang eines Generals trat er 1911 in den Ruhestand. Hindenburgs Ruhm und seine Verehrung in der deutschen Bevölkerung gründeten sich auf seine Leistungen im Ersten Weltkrieg. Als Oberbefehlshaber der 8. Armee erzielte er mit Ludendorff (Kat.-Nr. 13) in scheinbar aussichtsloser Lage den als strategische Meisterleistung gefeierten Sieg über die zahlenmäßig überlegene russische Armee in der Schlacht bei Tannenberg (26.–30. August 1914). Dieser Sieg wurde in Deutschland als Rettung Ostpreußens gefeiert und entsprechend propagandis-

Vs.: Generalfeldmarschall von Hindenburg in Uniform mit Orden Pour le Mérite, Eisernem Kreuz und weiteren Orden, Brustbildnis im Dreiviertelprofil nach links
Umschrift: *GENERALFELDMARSCHALL / VON HINDENBURG*
Signiert: *Fr. Eue*

tisch überhöht. Darauf verweist auch die Rückseite, die den *Furor teutonicus*, den Schrecken einjagenden wütenden Kampfesmut der Deutschen – einen vom römischen Dichter Lucan (39–65 n. Chr.) geprägten Begriff – thematisiert. Unverzüglich erhielt Hindenburg den Orden Pour le Mérite und noch im gleichen Jahr wurde er zum Generalfeldmarschall befördert. 1916 übernahm er mit Ludendorff die Oberste Heeresleitung mit quasi diktatorischen Machtbefugnissen. Hindenburgs große Popularität (vgl. Kat.-Nr. 31, 32) gründete auf seinem Mythos als „Sieger von Tannenberg".

Literatur:
Kat. Ball 1927, Nr. 7402 – Vgl. Zetzmann 2002, Nr. 4083

Rs.: Stehender, nackter Mann, der von Schlangen umzingelt ist und mit dem rechten Fuß auf eine Schlange tritt
Im Feld: *FVROR / TEVTONICVS*
Signiert: *VERL. BALL. BERLIN / Ziegler*
Eisenguss, geschwärzt, berieben
Dm. 11 cm, 375 g

15 GENERALFELDMARSCHALL VON MACKENSEN, 1915 (Franz Eue)

Der aus bürgerlichen Verhältnissen stammende preußische Generalfeldmarschall von Mackensen (1849–1945) begann seine Militärlaufbahn im Deutsch-Französischen Krieg 1870/71. Als Mitglied des preußischen Generalstabs war er ein enger Vertrauter Kaiser Wilhelms II. (Kat.-Nr. 2), der ihn 1899 in den Adelsstand erhob. Mit Beginn des Ersten Weltkrieges war von Mackensen an der Ostfront im Einsatz und befehligte dort das XVII. Armee-Korps, das im August 1914 maßgeblich an den Schlachten bei Gumbinnen und von Tannenberg beteiligt war. Für seine Leistungen an der russischen Front erhielt von Mackensen Ende November 1914

Vs.: Generalfeldmarschall August von Mackensen in Uniform mit Orden Pour le Mérite, Brustbildnis von vorn, im Feld rechts ein Lorbeerzweig
Umschrift: *v. MACKENSEN*
Signiert: *Fr. Eue*

den Orden Pour le Mérite. Im Rahmen der deutschen Offensiven an der Ostfront leitete er im Juni 1915 mit der deutschen 11. Armee und im Verbund mit österreichisch-ungarischen Truppen den erfolgreichen Angriff gegen die in Brest-Litowsk stationierte russische Armee, die durch massives Bombardement und Artillerieeinsatz große Verluste erlitt und zum Rückzug gezwungen wurde.

Literatur:
Kat. Ball 1927, Nr. 7422 – Vgl. Zetzmann 2002, Nr. 4102

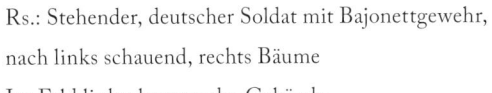

Rs.: Stehender, deutscher Soldat mit Bajonettgewehr, nach links schauend, rechts Bäume
Im Feld links: brennendes Gebäude
Umschrift: *BREST-LITOWSK / 1915*
Signiert: *BALL BERLIN*
Eisenguss, geschwärzt, berieben
Dm. 10,9 cm, 314 g

16 GENERAL VON SCHOLTZ, 1916
(Paul Sturm)

Der freiwillige Dienst im Deutsch-Französischen Krieg 1870/71 markierte den Beginn der militärischen Laufbahn des aus Flensburg in Schleswig-Holstein stammenden Friedrich Nikolaus Scholtz (1851–1927), der schließlich 1912 zum General der Artillerie befördert und kurz darauf in den erblichen Adelsstand erhoben wurde. Als kommandierender General des im ostpreußischen Allenstein stationierten XX. Armee-Korps, das

Vs.: General Friedrich von Scholtz in Uniform mit Orden Pour le Mérite und Eisernem Kreuz, Brustbildnis im Profil nach links auf gegenständigen Füllhörnern, aus denen je ein umlaufender Lorbeerzweig wächst
Im Feld links: *Exz. / Scholtz*
Im Feld rechts: *VIII / Armee*

mit Kriegsbeginn Teil der 8. Armee wurde, erwarb er sich insbesondere in der sog. Schlacht bei Tannenberg vom August 1914, bei der die nach Ostpreußen eingefallene russische Armee vernichtend geschlagen wurde (vgl. Kat.-Nr. 14), besondere Verdienste.

Literatur:
Kat. Ball 1927, Nr. 7430 – Vgl. Zetzmann 2002, Nr. 2101

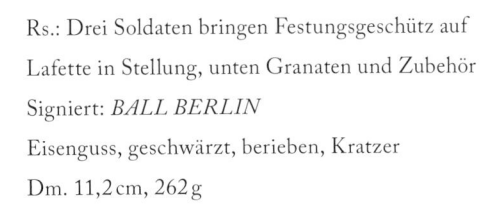

Rs.: Drei Soldaten bringen Festungsgeschütz auf Lafette in Stellung, unten Granaten und Zubehör
Signiert: *BALL BERLIN*
Eisenguss, geschwärzt, berieben, Kratzer
Dm. 11,2 cm, 262 g

17 GENERAL VON FRANÇOIS, 1916
(Franz Eue)

Der aus einer hugenottischen Adelsfamilie stammende General von François (1856–1933) schlug wie seine Vorfahren eine Laufbahn beim preußischen Militär ein, die 1913 mit der Ernennung zum General der Infanterie und der Übernahme des Kommandos über das 1. Armee-Korps in Königsberg in Ostpreußen bekrönt wurde. Die Medaille erinnert an entscheidende

Vs.: General Hermann von François in Uniform mit Orden Pour le Mérite, Brustbildnis von vorn
Umschrift: *GENERAL. / v. FRANÇOIS*
Signiert: *Frz Eue*

Schlachten, die das deutsche Heer an der Ostfront unter Beteiligung des Generals von François erfolgreich gegen die russische Armee geführt hatte.

Literatur:
Kat. Ball 1927, Nr. 7393 – Vgl. Zetzmann 2002, Nr. 4119

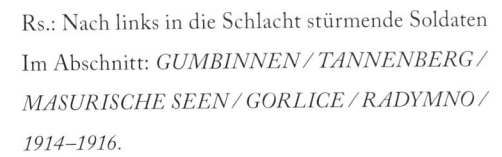

Rs.: Nach links in die Schlacht stürmende Soldaten
Im Abschnitt: *GUMBINNEN / TANNENBERG / MASURISCHE SEEN / GORLICE / RADYMNO / 1914–1916.*
Eisenguss, geschwärzt, berieben
Dm. 11,2 cm, 371 g

18 GENERALOBERST VON WOYRSCH, 1915
(Franz Eue)

Der schlesische Adelige Remus von Woyrsch (1847–1920) hatte als Angehöriger der Preußischen Armee am Deutschen Krieg 1866 und am Deutsch-Französischen Krieg teilgenommen. Als Generalmajor hatte er bereits 1911 den Militärdienst beendet, bis er bei Ausbruch des Ersten Weltkrieges wieder reaktiviert wurde. Als Kommandierender General befehligte er anfänglich an der Ostfront das die österreichisch-ungarische Armee unterstützende schlesische Land-

Vs.: Generaloberst Remus von Woyrsch in Uniform mit Orden Pour le Mérite und Eisernem Kreuz, Brustbildnis von vorn
Umschrift: *GENERALOBERST von WOYRSCH*
Signiert: *F. Eue*

wehrkorps. Im Dezember 1914 wurde er zum Generaloberst befördert und kommandierte nun an der Ostfront die nach ihm benannte „Armeeabteilung Woyrsch". Für seine militärischen Erfolge erhielt von Woyrsch im Juli 1915 den Orden Pour le Mérite.

Literatur:
Kat. Ball 1927, Nr. 7434 – Vgl. Zetzmann 2002, Nr. 2110

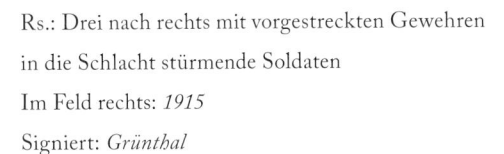

Rs.: Drei nach rechts mit vorgestreckten Gewehren
in die Schlacht stürmende Soldaten
Im Feld rechts: *1915*
Signiert: *Grünthal*
Eisenguss, geschwärzt, berieben
Dm. 10,5 cm, 279 g

19 ADMIRAL VON SPEE UND SEINE SÖHNE, 1915 (Franz Eue)

Vizeadmiral Maximilian von Spee (1861–1914) hatte mit 17 Jahren seine Karriere in der Kaiserlichen Marine begonnen und kommandierte am Vorabend des Ersten Weltkrieges das in Tsingtau/China stationierte deutsche Ostasiengeschwader. Kurz nach Kriegsausbruch gelang der von ihm geführten deutschen Flotte am 1. November 1914 vor der chilenischen Küste in der Seeschlacht bei Coronel ein schwerer Schlag gegen die englische Flotte, die zwei Panzerkreuzer mit rund 1.600 Mann Besatzung verlor. Als der deutsche Schiffsverband, nun von britischen Schlachtschiffen gejagt, Kap Hoorn umrundete und wohl aufgrund einer fingierten Meldung zu den scheinbar ungeschützten britischen Falklandinseln

Vs.: Admiral Maximilian Reichsgraf von Spee, Otto Reichsgraf von Spee, Heinrich Reichsgraf von Spee in Uniform, Brustbildnisse von vorn
Umschrift: *DREI HELDEN ZUR SEE*
Im Abschnitt: *ADMIRAL GRAF v. SPEE / GRAF OTTO / GRAF HEINRICH*
Signiert: *Frz Eue*

auswich, erwarteten ihn dort die englischen Schlachtkreuzer HMS Invincible und HMS Inflexible, die am 8. Dezember 1914 die Panzerkreuzer Scharnhorst und Gneisenau sowie die beiden kleinen Kreuzer Nürnberg und Leipzig versenkten. Mit Admiral von Spee, seinen beiden Söhnen Otto (1890–1914) und Heinrich (1893–1914) starben dabei mehr als 1.800 deutsche Marinesoldaten.

Literatur:
Kat. Ball 1927, Nr. 7428 – Vgl. Zetzmann 2002, Nr. 6007

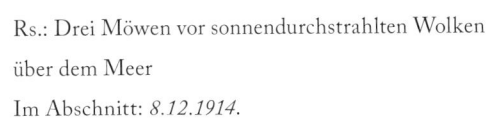

Rs.: Drei Möwen vor sonnendurchstrahlten Wolken über dem Meer
Im Abschnitt: *8.12.1914*.
Signiert: *VERL. BALL BERLIN*
Eisenguss, geschwärzt
Dm. 11,2 cm, 313 g

20 GROSSADMIRAL VON TIRPITZ, 1915
(Paul Sturm)

Der aus einer preußischen Beamtenfamilie stammende Alfred von Tirpitz (1849–1930) schlug bei der Marine eine glänzende militärische Laufbahn ein, die 1900 mit dem Adelstitel und 1911 mit der kaiserlichen Ernennung zum Großadmiral bekrönt wurde. Am planmäßigen Aufbau einer deutschen Hochseeflotte, ein Prestigeobjekt Kaiser Wilhelms II. (Kat.-Nr. 2) zur Erlangung deutscher „Seegeltung", das sich zu einem kostspieligen Wettrüsten mit der Seemacht Großbritannien entwickelte, hatte von Tirpitz maßgeblichen Anteil. Nachdem Großbritannien im November 1914 die gesamte Nordsee zum Kriegsgebiet erklärt hatte, propagierte vor allem Tirpitz den dann im Februar 1915 beschlossenen U-Boot-Krieg gegen feindliche Handelsschiffe. Ihm wird die Parole „Schiff versenken – Menschen retten" zugeschrieben. Georg Herwegh (1817–1875), politischer Dichter und Kämpfer für die schließlich

Vs.: Großadmiral Alfred von Tirpitz in Uniform mit Orden Pour le Mérite, Brustbildnis von vorn
Umschrift: *EIN TODESPFEIL IM HERZEN ENGLANDS IST JEDES DEUTSCHE SCHIFF ·HERWEGH·*
Im Feld links: *v. TIRPITZ / 1915*
Im Feld rechts: *GROSS / ADMIRAL*
Signiert: *P·STURM*

durch Preußen herbeigeführte Einigung Deutschlands, hatte bereits 1841 in seinem Gedicht „Die deutsche Flotte" die Weltherrschaft Deutschlands auch zur See gefordert, dessen Zukunft vom Kampf „ums goldene Vlies der Welt" abhinge. Die Deutschland in seinem Machtstreben verspottenden Feinde bezeichnete Herwegh dabei als „freche Rotte", die „auf schwankem Brett" die „Frucht der Erde pflückt". Diese Schmähung gab wohl den Anstoß zur Darstellung der Ratten, die auf Großbritannien zu beziehen sind. Die Bezeichnung deutscher Schiffe als „Todespfeile im Herzen Englands" stammt so nicht von Herwegh, sondern kennzeichnet die Hassrhetorik deutscher Kriegspropaganda.

Literatur: Kat. Ball 1927, Nr. 7431 – Vgl. Zetzmann 2002, Nr. 5007

Rs.: Matrosen eines U-Boots retten die Mannschaft eines untergehenden Schiffs; rechts am Rand zwei Ratten
Umschrift: *PAROLE · SCHIFF VERSENKEN · MENSCHEN RETTEN*
Signiert: *GRÜNTHAL VERL. / STURM FEC.*
Eisenguss, geschwärzt, berieben
Dm. 11,4 cm, 390 g

21 LEOPOLD VON BAYERN, 1915
(Franz Eue)

Prinz Leopold von Bayern (1846–1930) war ein Sohn des Prinzregenten Luitpold und der jüngere Bruder von König Ludwig III. (Kat.-Nr. 7). Als hochdekorierter Militär, der bereits 1866 am Krieg gegen Preußen und 1871 am Deutsch-Französischen Krieg teilgenommen hatte, war er bei Ausbruch des Ersten Weltkrieges bereits im Ruhestand. 1915 übernahm er das Oberkommando über die an der Ostfront eingesetzte 9. Armee. Ein Markstein war die beim Rückzug der russischen Armee vollzogene kampflose Einnahme von Warschau am

Vs.: Prinz Leopold von Bayern in Uniform mit Pickelhaube und Orden Pour le Mérite, Brustbildnis von vorn, am Rand stilisierter Lorbeerkranz
Umschrift: *PRINZ LEOPOLD / von BAYERN*
Signiert: *Fr. Eue*

5. August 1915. Als Hindenburg (Kat.-Nr. 14) und Ludendorff (Kat.-Nr. 13) im August 1916 die Oberste Heeresleitung übernahmen, wurde Prinz Leopold Oberbefehlshaber des Oberkommandos Ost. In dieser Funktion nahm er im Frühjahr 1918 an den Friedensverhandlungen mit Russland in Brest-Litwosk teil.

Literatur:
Kat. Ball 1927, Nr. 7437 – Vgl. Zetzmann 2002, Nr. 4097

Rs.: Nackter Krieger in Dreiviertelfigur mit Lendenschurz, die Rechte auf ein Schwert gestützt, vor dem Panorama von Warschau, am Rand stilisierter Lorbeerkranz
Umschrift: *DER EROBERER / VON WARSCHAU*
Im Feld: *5. 8. / 1915*
Signiert: *Grünthal*
Eisenguss, geschwärzt, berieben
Dm. 10,3 cm, 281 g

22 GENERAL VON BESELER, 1915
(Franz Eue)

Der aus Greifswald stammende Generaloberst Hans von Beseler (1850–1921) trat 1868 in den preußischen Militärdienst ein und hatte als Leutnant bereits am Deutsch-Französischen Krieg 1870/71 teilgenommen. Seine militärische Karriere beendete er 1911 als General der Infanterie, doch wurde er mit Beginn des Ersten Weltkrieges wieder reaktiviert. Das von ihm befehligte III. Reserve-Korps war anfangs an der Westfront und hier vor allem in Belgien, dessen Neutralität von den Deutschen missachtet wurde, bei der Belagerung und Eroberung der Festung Antwerpen im Einsatz. Danach

Vs.: General Hans von Beseler in Uniform, Brustbildnis von vorn, am Rand stilisierter Lorbeerkranz
Umschrift: *GENERAL / v. BESELER*
Signiert: *Fr. Eue*

wurde von Beseler an der Ostfront eingesetzt. Die Medaille erinnert an die unter seiner Leitung erfolgte zweiwöchige Belagerung und anschließende Eroberung der strategisch wichtigen russischen Festung Nowo-Georgiewsk (heute: Modlin) nordwestlich von Warschau, bei der in großer Zahl russische Soldaten gefangen genommen sowie zahlreiche Waffen, Munition und Vorräte erbeutet wurden.

Literatur:
Kat. Ball 1927, Nr. 7378 – Vgl. Zetzmann 2002, Nr. 4110

Rs.: Im Vordergrund bedienen deutsche Soldaten zwei große Haubitzen auf Erdwällen, im Hintergrund links kleines Dorf in weiter Hügellandschaft, am Rand stilisierter Lorbeerkranz
Im Abschnitt: *DIE EROBERUNG VON / NOWO-GEORGIEWSK / 19. AUG. 1915*
Signiert: *VERL. BALL BERLIN*
Eisenguss, geschwärzt, berieben
Dm. 10,3 cm, 329 g

23 GENERAL VON GALLWITZ, 1915
(Paul Sturm)

Der aus einer katholischen Breslauer Beamtenfamilie stammende General von Gallwitz (1852–1937) hatte sich 1870 während des Deutsch-Französischen Krieges für eine militärische Laufbahn in der Preußischen Armee entschieden, die wenige Jahre vor dem Ersten Weltkrieg mit der Beförderung zum General der Artillerie und mit der Erhebung in den erblichen Adelsstand ihren Abschluss fand. Zu Kriegsbeginn im Westen bei der Eroberung der Maasfestung Namur eingesetzt,

Vs.: General Max von Gallwitz in Uniform, Brustbildnis im Profil nach links, am Rand links und rechts ein Lorbeerzweig
Umschrift: *GENERAL von GALLWITZ*
Signiert: *P. STURM. FEC.*

erhielt von Gallwitz Anfang 1915 das Kommando über die für ihn geschaffene „Armeegruppe Gallwitz" an der Ostfront, wo er im Sommer 1915 in Polen in verschiedenen Kämpfen gegen die russische Armee Erfolge erzielte, an die die Medaille erinnert.

Literatur:
Kat. Ball 1927, Nr. 7396 – Vgl. Zetzmann 2002, Nr. 4114

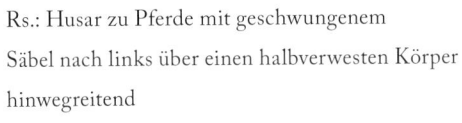

Rs.: Husar zu Pferde mit geschwungenem Säbel nach links über einen halbverwesten Körper hinwegreitend
Im Abschnitt: *LOMZA OSTROW WYSZKOW ROZAN*
Signiert: *R. BALL NACHF. VERL.*
Eisenguss, geschwärzt, berieben
Dm. 11,5 cm, 311 g

24   ADMIRAL SCHEER, 1916
(Hugo Kaufmann)

Reinhard Scheer (1863–1928), seit 1879 bei der Kaiserlichen Marine, war bei Kriegsausbruch als Vizeadmiral Chef der Zentralabteilung des Marineamtes sowie Befehlshaber des II. Flottengeschwaders. Anfang 1916 wurde er Chef der deutschen Hochseeflotte. Als eine militärische Glanzleistung galt die Skagerrak-Schlacht vom 31. Mai 1916, bei der Scheer die deutsche Kriegsflotte gegen die englische kommandierte und es ihm gelang, sie durch geschickte Manöver vor der sicher

Vs.: Admiral Reinhard Scheer in Uniform, Brustbildnis im Profil nach links
Umschrift: *ADMIRAL SCHEER · DER SIEGER VOM SKAGERRAK ·*
Signiert: *H · K / 1916*

erscheinenden Vernichtung durch die zahlenmäßig überlegene Royal Navy zu bewahren. Für diese Leistung wurde Scheer am 6. Juni zum Admiral befördert und mit der höchsten preußischen Tapferkeitsauszeichnung, dem Orden Pour le Mérite, ausgezeichnet.

Literatur:
Kat. Ball 1927, Nr. 7429 – Vgl. Zetzmann 2002, Nr. 4123

Rs.: Kriegsschiff im Gefecht
Im Feld links: *31 · Mai - / 1 · Juni 1916 ·*
Signiert: *VERL. BALL BERLIN / H · K / 1916*
Eisenguss, geschwärzt, berieben
Dm. 9,2 cm, 200 g

25 ADMIRAL VON HIPPER, 1916
(Franz Eue)

Der im bayerischen Weilheim geborene und aus einer Gastwirtsfamilie stammende Franz Hipper (1863–1932) absolvierte seit 1881 seine militärische Laufbahn in der Kaiserlichen Marine. Im Ersten Weltkrieg kommandierte er die deutschen Schlachtkreuzer gegen die Royal Navy. In der für die englische Flotte verlustreichen Skagerrak-Schlacht (vgl. Kat.-Nr. 24) hatte sich Hipper außerordentlich bewährt, weshalb

Vs.: Admiral Franz Ritter von Hipper in Uniform mit Orden Pour le Mérite, Brustbildnis im Dreiviertelprofil nach links
Im Feld rechts: *ADMIRAL / HIPPER*
Signiert: *EUE*

ihm Kaiser Wilhelm II. (Kat.-Nr. 2) den Orden Pour le Mérite und König Ludwig III. von Bayern (Kat.-Nr. 7) den Militär-Max-Joseph-Orden verliehen. Mit diesem war der persönliche Adelstitel verbunden.

Literatur:
Kat. Ball 1927, Nr. 7408 – Vgl. Zetzmann 2002, Nr. 4121

Rs.: Zwei Kriegsschiffe auf hoher See, in der Luft ein Zeppelin
Im Abschnitt: *AM SKAGERRAK / 31. MAI 1916*
Signiert: *Verl Ball Berlin*
Eisenguss, geschwärzt, berieben
Dm. 11,6 cm, 335 g

26 GENERALFELDMARSCHALL VON DER GOLTZ, 1915 (Franz Eue)

Der ostpreußische Adlige Colmar Freiherr von der Goltz (1843–1916) diente sowohl im Deutschen Krieg 1866 als auch im Deutsch-Französischen Krieg 1870/71. Später lehrte er als Militärhistoriker Kriegsgeschichte an der preußischen Kriegsakademie. Im Rahmen der türkisch-deutschen Militärkooperationen war er von 1883 bis 1895 für das Osmanische Reich tätig. 1911 wurde er zum Generalfeldmarschall befördert und erhielt zudem den Orden Pour le Mérite für Wissenschaften und Künste. Im selben Jahr gründete er den Jungdeutschland-Bund als Dachverband bürgerlicher Jugendorganisationen zur Wehrerziehung, deren jugendliche Mitglieder von der Goltz „im kriegerischen Geist" und in der „Liebe zum Vaterland …, für das sie sich

Vs.: Generalfeldmarschall Colmar Freiherr von der Goltz in Uniform mit Orden Pour le Mérite, Brustbildnis im Profil nach rechts
Umschrift: *GENERALFELDMARSCHALL FRHR. v. d. GOLTZ*
Signiert: *F. Eue*

vielleicht einmal opfern müssen" erzogen wissen wollte. Bei Kriegsausbruch hatte der Bund ca. 680.000 Mitglieder. Mit Kriegsausbruch wurde von der Goltz Generalgouverneur des von den Deutschen okkupierten Belgien, bis er schließlich noch im Dezember 1914 in der Türkei als militärischer Berater des Sultans Mehmed V. Reşad (Kat.-Nr. 5) eingesetzt wurde. 1915 befehligte von der Goltz die 6. Osmanische Armee, mit der er in der Belagerung von Kut 1915/16 die britisch-indischen Truppen besiegte.

Literatur:
Kat. Ball 1927, Nr. 7397 – Vgl. Zetzmann 2002, Nr. 2097

Rs.: Generalfeldmarschall von der Goltz bei der Truppenparade der Jugendwehr
Umschrift: *DEM GRÜNDER DER JUGENDWEHR*
Im Abschnitt: *1914/15*
Signiert: *Grünthal*
Eisenguss, geschwärzt, berieben
Dm. 12,6 cm, 463 g

Selb, Fa. Philipp Rosenthal, 1918
Entwurf: K. Pfeiffer
Porzellan, Blaumalerei
Vs., Spiegel: Zum Gebet niederkniender Ritter vor weiter Winterlandschaft, Inschrift: *FRIEDE DEN MENSCHEN AUF ERDEN DIE EINES GUTEN WILLENS SIND.*; Fahne: *.19 WEIHNACHTEN 18.*

Rs., Herstellernachweis in Grün auf Glasur:
Weihnachtsteller 1918 / Entwurf von K. Pfeiffer / z. Zt. im Felde. / Rosenthal / Kunst-Abteilung / SELB-BAVARIA
Dm. 21,5 cm

27 WEIHNACHTSTELLER

Die Porzellanfabrik Rosenthal in Selb begann ab 1910 in ihrer Kunstabteilung mit der Herstellung traditioneller Weihnachtsteller in jeweils begrenzter, nicht nummerierter Auflage und ohne Zertifikat. Die jeweiligen in Unterglasurmalerei gefertigten Motive stammten von unterschiedlichen Entwerfern. Während die Motive „Festklänge" bzw. „Kirchgang" zu Weihnachten 1914 und 1915 (Entwerfer: Ludwig von Zumbusch bzw. Julius Vilhelm Guldbrandsen) das Kriegsgeschehen nicht reflektierten, signalisierte 1916 das Motiv „Kriegsweihnacht", das in einer Winterlandschaft ein bekränztes Kreuz vor einer erleuchteten Kapelle mit zwei gotisierenden Fenstern zeigte, Trauer und Totengedenken im nunmehr schon dritten Kriegsjahr. Die Friedenssehnsucht in der Bevölkerung brachte der Weihnachtsteller 1917 mit dem Motiv „Friedensengel" (Entwerfer: Julius Mermagen) deutlich zum Ausdruck.

Der Weihnachtsteller 1918 stellt geradezu das motivische Gegenstück zu Franz Eues Medaillen-Entwurf zum Ausbruch des Ersten Weltkrieges (Kat.-Nr. 1) dar. Bei dem nur als „K. Pfeiffer" bekannten Entwerfer, zu dem es neben dem Hinweis auf seinen damaligen Kriegsdienst keine weiteren biografischen Angaben gibt, handelte es sich wohl „um einen im Betrieb angestellten Porzellanmaler".[1] Sein Entwurf entstand sicher einige Zeit vor der Unterzeichnung des Waffenstillstands von Compiègne am 11. November 1918, der den Ersten Weltkrieg beendete. Wie bei der Medaille ist ein Ritter in Harnisch dargestellt, der hier jedoch nicht kampfbereit steht, sondern betend auf einer Anhöhe vor einer weiten Winterlandschaft kniet. Aus dem der biblischen Weihnachtsgeschichte (Luk 2, 14) entnommenen Zitat sprechen in Verbindung mit dem Bildmotiv Kriegsmüdigkeit und Friedenswillen, wie sie das letzte Kriegsjahr in Deutschland kennzeichneten.

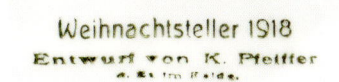

---

[1] Freundliche Mitteilung von Petra Werner, Porzellanikon – Staatliches Museum für Porzellan in Hohenberg a. d. Eger/Selb, der für Auskunft zu den Rosenthal-Weihnachtstellern und zu K. Pfeiffer herzlich gedankt sei.

Augsburg, 1917

Verlag Franz Hummel, Augsburg

Vs., Text: *Augsburg. Partie am Jacobertor / Deutscher Kaiser / König von Bayern / Ein Hoch dem Deutschen / Reich, an Kühnheit / reich, dem Adler gleich. / Mögs täglich neu sich / stärken! (Jos. Victor v. Scheffel.)*

Rs., Herstellernachweis: *Verlag von Franz Hummel, K. b. Hofl. Augsburg No. 7 / WELTKRIEG 1914/15*

Karton

H. 9,1 cm, B. 14,1 cm

28 BILDPOSTKARTE MIT DEN PORTRÄTS KAISER WILHELMS II. UND KÖNIG LUDWIGS III. VON BAYERN UND EINER ANSICHT VOM JAKOBERTOR MIT OBEREM JAKOBER-BRUNNENTURM

Die Postkarte ist wegen der Verbindung unterschiedlichster Bildmotive außergewöhnlich. Das spätgotische Jakobertor und der frühbarocke, von Stadtbaumeister Elias Holl errichtete Obere Jakober-Brunnenturm – er wurde im Zweiten Weltkrieg zerstört – zählten nicht zu den ersten Sehenswürdigkeiten Alt-Augsburgs. Zur Stadtbefestigung gehörig, können sie jedoch als Symbole von Stand- und Wehrhaftigkeit gelten, auf die man sich schon im alten, 1806 untergegangenen Reich verstand, und als deren Garanten im Deutschen Kaiserreich nun Wilhelm II. und König Ludwig III. firmieren. Das Scheffel-Zitat und die heraldischen Embleme Reichswappen, Reichskrone, Reichs- und bayerische Flagge symbolisieren die Einigkeit und Wehrhaftigkeit der deutschen Nation in kriegerischer Zeit, auf die die gekreuzten Degen verweisen und die der Aufdruck „Weltkrieg 1914/15" auf der Rückseite zeitlich verortet. Die undatierte Karte wurde am 3. August 1917 gestempelt. Absender war Ludwig Liedl, der aus dem Augsburger *Reserve-Lazarett A* in der Roten Tor-Schule an seinen Verwandten, den Ökonom Heinrich Lempertzeder in Wald (Niederbayern), schrieb. Liedls Kartengruß endet mit den Worten: *Immer Hungrig. Gebt Bald Antwort*.

Deutschland, 1915–1918
Vs., Text: *Augsburg / Totalansicht*
Rs., Herstellernachweis: *H. B. M. No. 7*
Karton
H. 14,3 cm, B. 9,4 cm

29 ANSICHTSKARTE VON AUGSBURG MIT FLAGGEN DER BÜNDNISPARTNER DEUTSCHLAND, ÖSTERREICH-UNGARN, TÜRKEI UND BULGARIEN

Die nicht gelaufene Postkarte zeigt eine Aufnahme der nördlichen Augsburger Altstadt mit Karolinenstraße, Riedingerhaus und Dom, die vom Perlachturm aus gemacht wurde. Die Ansicht wird gerahmt von einer Lorbeergirlande mit Eisernem Kreuz, einer Banderole in den Reichsfarben und zwei Augsburger Wappenschilden. Unter der Ansicht sind die wehenden Flaggen der verbündeten Mittelmächte Deutsches Reich, Österreich-Ungarn, Türkei und Bulgarien dargestellt (vgl. Kat.-Nr. 5).

Augsburg, 1917

Verlag Theo. Junge, Augsburg

Vs., Text: *Das Turamichele / ist ein uraltes, echt deutsches / Augsburger Stadtwahrzei- / chen, das seit dem Jahre 1526 / existiert. / St. Michael der mächtige / Erzengel Gottes war der Schutz- / patron der deutschen Krieger. / „St. Michael salva nos" hieß / der Kampfruf „St. Michael hilf / uns". Aus Dankbarkeit für die / damaligen errungenen Siege wur- / de diese volks- tümliche Feier ein- / geführt. / Die Figur darstellend St. Mi- / chael, wird durch ein Uhrwerk / in Bewe- gung gesetzt und dürfte / eine Arbeit des Holzbild- hauers / Christ. Murmann sein. / Das Turamichele er- / scheint alljährlich am 29. Sept. / von morgens 6 Uhr bis abends / 6 Uhr unter großem Jubel der / harrenden Jugend, dem Satan zu / seinen Füßen bei jedem Stunden- / schlag einen Lanzenstoß verset- / zend. / Augsburg.*

Rs., Herstellernachweis: *Verlag von Theo. Junge, Augsburg 1917 / 2453*

Karton

H. 13,8 cm, B. 8,8 cm

30 BILDPOSTKARTE MIT PERLACHTURM UND TURAMICHELE, AUGSBURG

Am 1. Oktober 1917 schrieb „Witta" aus Augsburg diese Postkarte an ihre Freundin Gretl Wiedemann in Mönchsdeggingen im Ries, um ihr ihre gute Rückreise mitzuteilen und sich *für Alles, was Ihr mir getan habt* zu bedanken. Die Schreiberin verwendete eine Postkarte mit dem Motiv des Perlachturms und der (im Zweiten Weltkrieg zerstörten) mechanischen Turamichele-Figur, lag doch das am 29. September gefeierte Augsburger Turamichele-Fest, das der gedruckte Kartentext näher beschreibt, gerade erst zwei Tage zurück. In für die Zeit des Ersten Weltkrieges charakteristischer Weise wird dabei die Figur des Erzengels Michaels als *Schutzpatron der deutschen Krieger* bezeichnet und das Turamichele-Fest in eine Siegesfeier *für die damaligen errungenen Siege* umgedeutet.

31 BILDPOSTKARTE „AUGSBURG IM FLAGGENSCHMUCK" AM HINDENBURG-TAG 1915

Augsburg, 1915
Verlag Franz Hummel, Augsburg
Rs., Text und Herstellernachweis:
Herausgegeben von der Sammelleitung für Kriegsspenden / Hindenburg-Tag Augsburg 1915. / Augsburg im Flaggenschmuck / Karolinenstraße mit Perlachturm
No. 3744. Franz Hummel, K. B. Hoflieferant, Augsburg.
Karton
H. 14,2 cm, B. 9,2 cm

32 GEDENKMÜNZE ZUM AUGSBURGER HINDENBURG-TAG 1915

Wie nahezu überall im Reich genoss Generalfeldmarschall von Hindenburg (Kat.-Nr. 14) in Augsburg wegen seiner militärischen Erfolge im Ersten Weltkrieg so großes Ansehen, dass – wie in anderen Städten – auch hier zu Ehren des „Siegers von Tannenberg" ein „Hindenburg-Tag" gefeiert wurde, der am 17. Oktober 1915 stattfand. Die lateinische Devise „Ora et labora" (Bete und arbeite) galt als Lebensmotto Hindenburgs.

Vs.: Bildnis Generalfeldmarschall Paul von Hindenburg, von vorn
Umschrift: *GENERALFELDMARSCHALL VON HINDENBURG / ORA ET / LABORA*

Rs.: Säule mit Augsburger Stadtpyr auf Podest. An der Säule eine Inschriftkartusche aufgehängt: *HINDENBURGTAG / AUGSBURG / 17. OKTOBER / 1915*
Silber, geprägt
Dm. 2,8 cm; 9,6 g

Augsburg, 1916
Verlag Haas & Grabherr, Augsburg
Vs., Text: *WEHRSÄULE DER / STADT AUGSBURG / = 1916 =*
Rs., Text und Herstellernachweis:
Verkaufspreis 10 Pfg. Der Erlös aus dem Vertrieb dieser Karte wird zu Gunsten der Hinterbliebenen gefallener Krieger und der Kriegsinvaliden verwendet.
Haas & Grabherr, Augsburg
Karton
H. 14 cm, B. 9,1 cm

33 BILDPOSTKARTE MIT ANSICHT DER AUGSBURGER WEHRSÄULE

Am 31. Juli 1916 schrieb Frau Johanna Putz aus Augsburg diese Karte an den in Karlsruhe stationierten Gefreiten Fritz Merk anläßlich eines von ihm abgesagten Besuchs in Augsburg. Die Absage war ihr ganz recht, denn sie hätte *auch nicht einen Augenblick Zeit gehabt, weil wir da gerad morgens einen großen Transport bekamen.* Vermutlich handelte es sich um einen Lazarettzug, wie ihn z.B. der junge Brecht in einem seiner Augsburger Kriegsbriefe[1] beschrieb. Die Vorderseite der Karte zeigt eine Aufnahme der am 2. Juli 1916 eingeweihten Wehrsäule, deren Errichtung der Augsburger Magistrat am 26. Juli 1915 beschlossen hatte.[2] Das aus Muschelkalkstein gefertigte Werk entstand im Zuge der während des Ersten Weltkrieges in Österreich-Ungarn und Deutschland typischen „Nagelungen". Es handelte sich dabei um Monumente, die in der Heimat an Kriegswillen und Opferbereitschaft der Bevölkerung appellieren sollten. Ganze Figuren – oder wie im Augsburger Fall der mit dem Reichsadler geschmückte Schild der Germanengestalt – wurden mit Nägeln beschlagen, die zu unterschiedlich Preisen an die Bevölkerung verkauft wurden. Den Preis bestimmte der dafür vorgesehene Ort: Am günstigsten war ein Nagel auf dem Schildgrund (1 Mark), am teuersten waren Nägel auf Schnabel, Krallen und Auge des Adlers (100 Mark). Die Einnahmen waren zur Versorgung Kriegsgeschädigter bestimmt. Die beim Rathaus auf dem Fischmarkt aufgestellte Wehrsäule war zugleich als Denkmal gedacht, dessen Inschrift „Ein Markstein des Dankes aus Eiserner Zeit" lautete. Im Aufstellungsjahr war die Spendenbereitschaft mit 51000 Mark besonders groß, kam jedoch wegen der sich verschlechternden Versorgungslage und der immer aussichtsloseren Lage an der Front bald zum Erliegen. Bei Kriegsende wies der Schild noch große Lücken auf, die der Magistrat nachträglich schließen ließ. Als ein Symbol des deutschen Militarismus wurde die Wehrsäule 1947 schließlich entfernt.

---

1 Augsburger Kriegsbrief, in: München-Augsburger Abendzeitung, 28. August 1914, GBA, Bd. 21, S. 16–17.

2 Die folgenden Angaben nach Schmitz/Popp.

Augsburg, 1918

Etikettenfabrik Augsburg

Vs., Text: Aus Lorbeergirlande gebildete Kartusche mit Ansicht von Rathaus und Perlachturm, in den Ecken der Nominalwert: 50 Pfg.

Aufdruck: *Gutschein / für eine halbe Mark / Gültig für den Geldverkehr in der / Stadt Augsburg bis 31. Dezember 1918. / Augsburg, 1. Januar 1918. / Stadtmagistrat: / v. Wolfram, / Oberbürgermeister. / Etikettenfabrik Augsburg*

34 NOTGELD – GUTSCHEIN FÜR EINE HALBE MARK

Der große Metallbedarf der Kriegsindustrie wie auch das Horten von Edelmetallmünzen durch die Bevölkerung machten schon im ersten Kriegsjahr die Ausgabe von Papier-Notgeld erforderlich. Zur Behebung des Kleingeldmangels ließ auch die Augsburger Stadtverwaltung Notgeld drucken. Der 50-Pfennig-Schein von 1918 appelliert mit banalem Reim und mythenhaftem Germanenbild an die Durchhaltekraft und Entschlossenheit der Augsburger.

Rs.: Hochquadratischer Rahmen, in der oberen Kartusche das Augsburger Stadtwappen, in der unteren die Zahl *50*. Die Darstellung zeigt einen blonden germanischen Krieger, der gegen ein fünfköpfiges Ungeheuer kämpft und in dessen Rücken rechts seine Frau mit Kind und Spinnrocken kniet; darunter der Zweizeiler: *Steht unsre Mark im Kurs auch schlecht, / Das Mark im deutschen Arm ist echt.*
Signiert: *J. WEIDENBACHER*.
Papier
H. 10,2 cm, B. 6,8 cm

Augsburg, Anfang 20. Jahrhundert
Atelier Moritz Baumann, Augsburg
Rs., Herstellernachweis: *Fotogr. Atelier Moritz Baumann, Augsburg III, Wertachstr. 27*
Karton
H. 9 cm, B. 14 cm

35 FAMILIENFOTO

Das wohl zu Beginn des Ersten Weltkrieges im Augsburger Fotoatelier Baumann[1] angefertigte Familienfoto zeigt auf der unbeschriebenen Rückseite eine gedruckte Linierung zur Verwendung als Postkarte.

---

1   Häußler 2004, S. 155.

Augsburg, 1915

Verlag Theo. Junge, Augsburg

Vs., Text: *AUGSBURG. Kaserne k. b. 4. Feld-Art.-Regts. „König"*

Rs., Herstellernachweis: *Originalaufnahme u. Verlag Theo. Junge Augsburg 1915, Nachdruck verboten*

Karton

H. 9,4 cm, B. 14,2 cm

36 BILDPOSTKARTE MIT ANSICHT DER KASERNE DES KÖNIGLICH BAYERISCHEN 4. FELDARTILLERIE-REGIMENTS „KÖNIG", AUGSBURG

Die Postkarte mit Ansicht des Kasernengebäudes schrieb am 30. Mai 1915 der in Augsburg stationierte Rekrut Lorenz Schwaiger an Fräulein Lisi Wert in Rosenheim, um ihr darin mitzuteilen, dass er ihren Brief erhalten habe und seit dem 26. Mai in Augsburg stationiert sei. Er kündigte an, ihr ein Bild von sich in Uniform zu schicken, und bemerkte dann: *Jetzt können wir uns nicht mehr treffen bis der Krieg zu Ende ist … Lisi, schreibe mir einmal denn es ist hier sehr langweilig …*

Die Artilleriekaserne an der Gögginger Straße wurde 1869 erbaut und 1872 erweitert. Im Dritten Reich war sie in „Hindenburg-Kaserne" umbenannt worden. Vom imposanten Backsteingebäude sind heute nur noch Reste in der Calmbergstraße erhalten, die als Asylbewerberheim genutzt werden.

Augsburg, 1909

Fa. Carl F. Schmedding

Silber, getrieben, gegossen, ziseliert, punziert, graviert; schwarzer Marmor

H. 82,5 cm, B. 80 cm, T. 70 cm

Inv.-Nr. 9196

37   TAFELAUFSATZ FÜR DAS KÖNIGLICH BAYERISCHE 4. FELDARTILLERIE-REGIMENT „KÖNIG"

Den Tafelaufsatz in Form des von Adriaen de Vries (1556–1626) zwischen 1596 und 1602 geschaffenen Augsburger Herkulesbrunnens schenkte die Stadt Augsburg 1909 dem 4. Bayerischen Feldartillerie-Regiment „König" anlässlich seines 50-jährigen Jubiläums. Das 1859 in Augsburg gebildete Regiment hatte 1867 zu Ehren von König Ludwig II. von Bayern als erstem Regimentsinhaber den Zusatz „König" erhalten.

Das 4. Feldartillerie-Regiment war 1866 im Deutschen Krieg gegen Preußen im Einsatz gewesen. Im Deutsch-Französischen Krieg 1870/71 war es u.a. an den Schlachten in Weißenburg und Sedan sowie an der Belagerung von Paris beteiligt. Im Ersten Weltkrieg kämpfte es an der Westfront u.a. 1914 in der Schlacht in Lothringen (Kat.-Nr. 8, 9) und 1916 in der Schlacht bei Verdun.

Deutschland, 1914

Umschlag brauner Karton, Papier, geheftet, 64 Seiten, nicht paginiert, die ersten 4 Seiten Titelblatt und Kalender 1915, 56 karierte Seiten mit handschriftlichen Eintragungen in Bleistift, die letzten 4 Seiten Kalender 1916 und Verzeichnis der Portotarife für Deutschland, Österreich-Ungarn und den Weltpostverein.

Titelblatt: *Notiz-Buch / mit / Kalender / 1915/1916.*

H. 13,5 cm, B. 8 cm

38 NOTIZBUCH DER „FELDZUGSREISE" VON FRIEDRICH GRUBER AUS AUGSBURG IM AUGUST 1914

Besitzer des Notizbuches war laut Eintrag auf der vorderen Umschlaginnenseite Friedrich Gruber aus Augsburg. Das handliche Heft, dessen beide Kalender auch die Namenstage der Heiligen verzeichnen, war anscheinend bei Soldaten aus dem Süden des Reiches gebräuchlich, denn weitere Exemplare aus Bayern[1] und Baden-Württemberg[2] sind bekannt. Während deren Verfasser darin ihre Kriegserlebnisse in Tagebuchform notierten, weist das Augsburger Notizbuch einen gänzlich anderen Charakter auf. Er lässt darauf schließen, dass es sich bei Friedrich Gruber – laut Augsburger Einwohnerbuch von 1916, S. 108, gab es vier Träger dieses Namens – entweder um den kgl.-bayer. Eisenbahnpackmeister, wohnhaft in der Pfladergasse C 324/325 (heute: Nr. 1), oder um den kgl.-bayer. Briefträger, wohnhaft im Pfärrle E 114 (heute: Nr. 23), gehandelt hat. Auf den ersten zehn Seiten notiert der Verfasser die wichtigsten Durchfahrts- oder Haltebahnhöfe vielfach mit Angabe der Durchfahrts-, Ankunfts- oder Abfahrtszeiten seiner am 9. August 1914 in München-Laim angetretenen *Feldzugsreise*, die ihn an die Westfront nach Frankreich in die Nähe von Cambrai bringen sollte. Dieses erreichte Gruber schließlich am 3. Oktober 1914 um 6.45 Uhr morgens. Nur wenige Kriegsereignisse werden vermerkt, so z.B. für den 5. Oktober 1914 *französische Flieger vormittags ½ 12*. Stattdessen listet Gruber auf den restlichen 46 Seiten Briefsendungen, wohl an Kameraden oder Freunde, auf mit Angabe von Namen und Briefgewicht (… *Krämer 70g / Kuhn 60. / Kolbl 40*), ferner für den Zeitraum von Oktober 1915 bis 1. April 1916 in Kurzform weitere Adressaten und das Versanddatum: … *Babett 28.11.15 / nachhause 28.11. / Großvater 28.11. / Scherer Adolf 29.11.*

Allein im Februar 1916 z.B. schrieb Gruber insgesamt 28 Briefe in die Heimat bzw. an Kameraden, die sich an anderen Frontabschnitten oder in Lazaretten befanden. Die wichtigsten Adressen notierte Gruber auf den Seiten der Heftmitte, von denen er später einige Namen durchstrich, da die Genannten wohl inzwischen gefallen waren.

---

1 Informationen unter: https://www.dhm.de/lemo/zeitzeugen/michael-str%C3%B6ber-kriegsbeschreibungen-meines-gro%C3%9Fvaters-aus-den-jahren-19141915 (Letzter Zugriff: 22.12.2014)

2 Informationen unter: http://www.mittelbayerische.mobi/mobile/article/1106134.html (Letzter Zugriff: 22.12.2014)

Dresden, 1917
Verlag Heinrich Knobloch
Vs., Text: *Nr. 256*
Rs., Herstellernachweis: *Auslieferung Heinrich Knobloch, Blasewitz, Tolkewitzer Straße.*
Stempel: *Feldpostadresse des Absenders: Bayer. Res. Inf. Rgt. 2. 5. König*
Karton
H. 13,9 cm, B. 8,8 cm

39 BILDPOSTKARTE MIT ANSICHT EINES ZERSTÖRTEN HAUSES

Michl Finkenzeller schickte am 25. März 1917 seine postalischen Grüße an die *werthe Familie* Rathgeber in Göggingen bei Augsburg, um ihr mitzuteilen, dass er *noch immer gesund und bei Leben* sei, *was ich auch von Euch mitsammen hoffe*. Er verwendete eine vom Dresdner Knobloch-Verlag vertriebene Postkarte, die auf der Vorderseite das Foto eines kriegszerstörten Gebäudes zeigt. Die Lokalisierung des Ortes oder der Schlacht ist nicht möglich und war wohl auch nicht beabsichtigt. Das Bild der Zerstörung mit der Motivnummer 256 ist gewissermaßen ein „Gruß aus dem Krieg" für die Lieben in der fernen Heimat.

Walter Krauß, Frankreich, 1916

Wurzelholz

Holzfiguren in Zigarrenkiste der Tabakfirma Studer & Wicke, Bremen

(La Prima, Colorado Claro, 500), Deckel mit Bleistift beschriftet: *Wurzelfiguren*

Maße Kiste: H. 12,5 cm, B. 41 cm, T. 23 cm

Ein Objekt signiert: *W. Krauß im Feld 1916.*

40 „WURZELFIGUREN"

Walter Krauß (1873–1951) gehörte zu den führenden Jugendstil-Architekten in Augsburg. Zu seinen Hauptwerken zählt u. a. das Haus Prinzregentenstraße 8.[1]

---

1   Fieger 2014, S. 46–52; weitere Bauten von Krauß siehe Fieger 2014, S. 62–66, S. 78–82, S. 91.

Beiliegend das Kalenderblatt eines Abreißkalenders vom 17. Januar 1916 mit dem Sinnspruch:
Klug zu reden ist oft schwer, klug zu schweigen oft noch mehr. Auf der Rückseite handschriftlicher Vermerk:
Vorsicht sehr gebrechlich!
Ein Zettel mit handschriftlichem Vermerk: *Im Feld (Weltkrieg) 1916 geschnitzt aus einem Stück Rinde*
Ein Blatt mit handschriftlichem Vermerk:
<u>Schnitzereien</u>
aus Wurzeln, Ästen und Kieferrinde.
Dieselben wurden von dem Unterzeichneten im 1. Weltkrieg im Jahre 1916 im Sommer hergestellt aus Wurzeln etc. die am Eichenrain in den Vogesen westlich Colmar gefunden wurden. Die einzelnen Figuren sind nur durch Schnitzereien mit einem Taschenmesser ohne irgend eine Hinzufügung entstanden.
Die Sammlung wird dem Museum als Erinnerung an den kommissarischen Vorstand vom 1.11.1945 bis 1.6.1947 Architekt Walter Krauss überlassen.

41 DREI AUSHÄNGE AUGSBURGER ZEITUNGEN MIT FRONTBERICHTEN DER OHL

Aktuelle Verlautbarungen und Frontberichte der Obersten Heeresleitung wurden mittels Aushängen und Anschlägen der örtlichen Tageszeitungen bekannt gegeben.

Amtliche Meldung vom 6. November 1914,
Augsburger Neueste Nachrichten, Papier, H. 43 cm, B. 27 cm

München=Augsburger Abendzeitung

WTB. Berlin, 30. März. (Amtlich.) Großes Hauptquartier.

Westlicher Kriegsschauplatz

Es fanden nur Artillerie- und Sappenkämpfe statt.

Oestlicher Kriegsschauplatz

Bei den Kämpfen um Tauroggen, die zur Besitznahme des Ortes führten, hat sich nach Meldungen des dort anwesenden Prinzen Joachim von Preußen der ostpreußische Landsturm glänzend geschlagen und

1000 Gefangene gemacht.

Bei Krasnopol erlitten die Russen sehr schwere Verluste (etwa 2000 Tote). Unsere Beute aus den dortigen Kämpfen belief sich bis gestern abend auf

3000 Gefangene, 7 Maschinengewehre, 1 Geschütz

und mehrere Munitionswagen. An der Szkwa bei Klimki wurden bei einem mißglückten russischen Angriff 2 russische Offiziere und 600 Mann gefangen genommen.

In Gegend Olzyny (linkes Omolew-Ufer) wurden zwei russische Nachtangriffe abgeschlagen. Uebergangsversuche der Russen über die untere Bzura wurden abgewiesen.

Oberste Heeresleitung.

München=Augsburger Abendzeitung

WTB. Berlin, 7. April. (Amtlich.) Großes Hauptquartier.

Westlicher Kriegsschauplatz

Die von uns vorgestern besetzten Gehöfte von Drie Grachten, die der Feind mit schwerstem Artillerie- und Minenwurffeuer zusammenschoß, wurden deshalb gestern abend aufgegeben.

In den Argonnen brach ein Angriff im Feuer unserer Jäger zusammen. Nordöstlich von Verdun gelangte ein französischer Vorstoß nur bis an unsere Vorstellungen. Oestlich und südöstlich von Verdun scheiterte eine Reihe von Angriffen unter außergewöhnlich schweren Verlusten.

An der Combres-Höhe wurden

zwei französische Bataillone durch unser Feuer aufgerieben.

Bei Ailly gingen unsere Truppen zum Gegenangriff vor und warfen den Feind in seine alten Stellungen zurück. Auch bei Apremont hatte der Feind keine Erfolge, ebenso sind andere französische Angriffe bei Flirey völlig gescheitert. Zahlreiche Tote bedecken das Gelände vor unserer Front, deren Zahl sich noch dadurch vermehrt, daß die Franzosen die in ihren eigenen Schützengräben Gefallenen vor die Front ihrer Stellungen werfen.

Am Westrande des Priesterwaldes schlug eines unserer Bataillone im Bajonettkampfe starke Kräfte des 13. französischen Regiments zurück. Am Hartmannsweilerkopf wird seit gestern nachm. trotz starken Schneesturmes gekämpft.

Oestlicher Kriegsschauplatz

Bei einem Vorstoß in russisches Gebiet nach Andrzejewo, 30 Kilometer südlich von Memel, vernichtete unsere Kavallerie ein russisches Bataillon, von welchem der Kommandeur, 5 Offiziere und 360 Mann gefangen genommen, 120 getötet und 150 schwer verwundet wurden. Ein anderes russisches Bataillon, das zur Hilfe eilte, wurde zurückgeschlagen. Wir verloren 6 Tote. Russische Angriffe östlich und südlich von Kalwarja sowie gegen unsere Stellungen östlich von Augustow wurden abgewiesen. Sonst ereignete sich auf der Ostfront nichts Besonderes.

WTB. Berlin, 7. April. (Amtlich).

S. M. Unterseeboot U 29 ist von seiner letzten Unternehmung nicht zurückgekehrt. Nach einer von der britischen Admiralität ausgehenden Nachricht vom 26. März soll das Boot mit der ganzen Besatzung untergegangen sein. Es muß danach als verloren betrachtet werden.

Der stellv. Chef des Admiralstabs: Behncke.

Amtliche Meldung vom 30. März 1915, München-Augsburger Abendzeitung, Papier, H. 34 cm, B. 26 cm

Amtliche Meldung vom 7. April 1915, München-Augsburger Abendzeitung, Papier, H. 34 cm, B. 26 cm

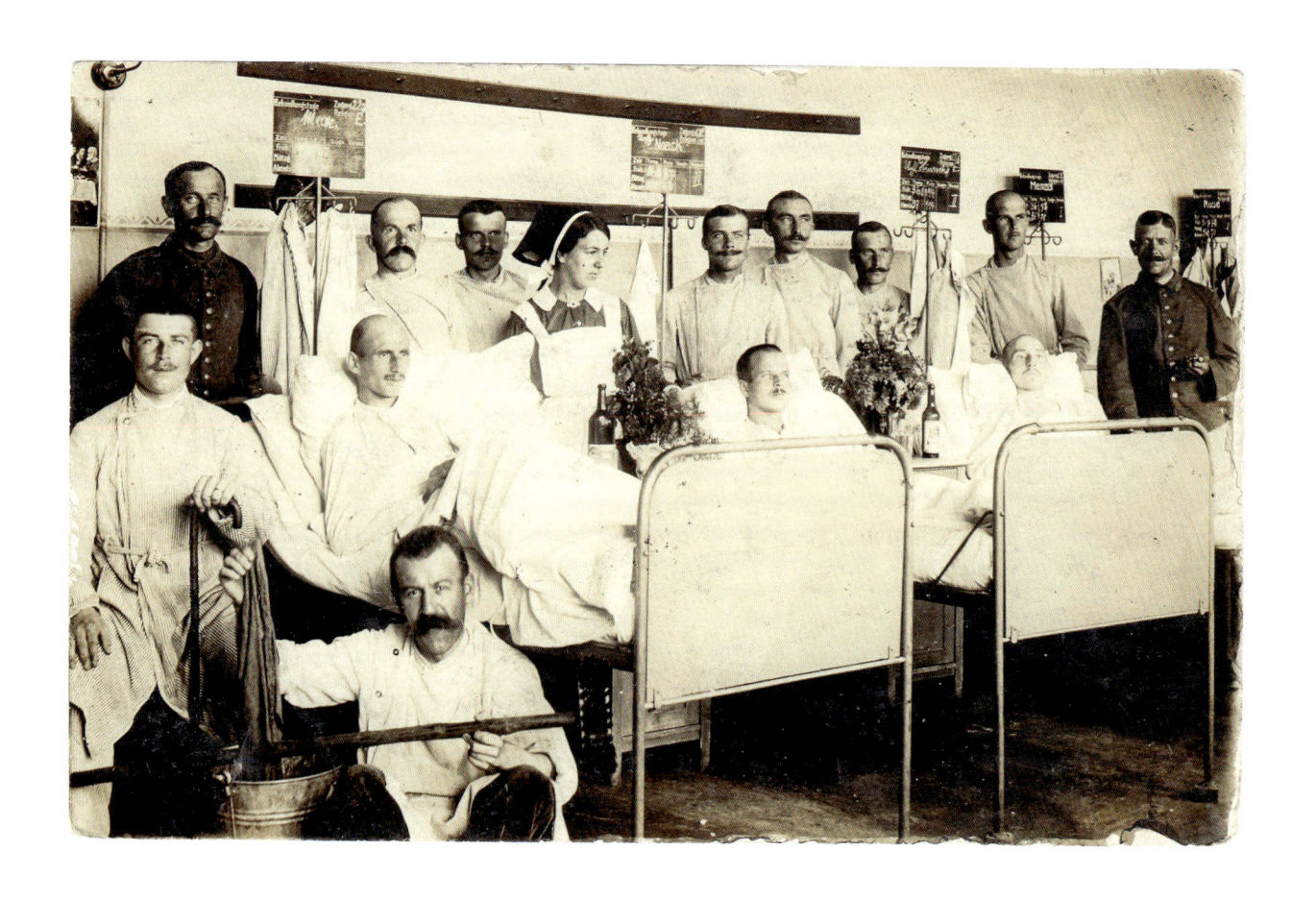

Augsburg, 1916

Rs., Stempel: *Adr. des Absenders: Reservelazarett Augsburg B / Abt. Schillerschule / Zimmer No. 97*

Karton

H. 8,9 cm, B. 13,9 cm

42 BILDPOSTKARTE AUS DEM RESERVELAZARETT IN DER SCHILLERSCHULE, AUGSBURG

Am 16. August 1916 schickte A. Schulz aus dem Lazarett in Augsburg an seine Schwester Elli in Bromberg (heute Bydgoszcz in Polen), das damals zur preußischen Provinz Posen gehörte, diese Postkarte, *wo ich und meine Kameraden drauf sind*. Freudig teilte er ihr mit: *Ich kann bald nach Bromberg ins Lazarett grüsse Mutter*. Bei dem Reservelazarett B, in das Schulz eingeliefert worden war, handelte es sich um die ehemalige Schillerschule links der Wertach in der Flurstraße 30 in Augsburg-Oberhausen, das ist die heutige Martinschule.

43 BILDPOSTKARTE AUS DEM KRIEGERHEIM VOM ROTEN KREUZ, AUGSBURG

Am 15. Dezember 1915 schickte der im Augsburger Kriegerheim des Roten Kreuzes untergebrachte J. Mayer an Frau Lina Kayser im hessischen Dieburg diese Postkartengrüße, um ihr mitzuteilen: *Morgen früh fahren wir wieder ab schreibe gleich Antwort ob Du das Paket erhalten hast Bis jetzt geht es mir noch gut …*

Die Vorderseite zeigt den Aufenthaltsraum des Kriegerheims mit zahlreichen Soldaten, die gerade lesen, spielen, rauchen oder Bier trinken. Mayers handschriftliche Erläuterung lautet: *Wir sitzen eben hier im Kriegerheim und trinken Kaffee.*

Augsburg, 1915
Vs., Text: *Gruß aus dem Kriegerheim vom roten Kreuz aus Augsburg.*

Rs., Herstellernummer: *21894*
Karton
H. 8,9 cm, B. 13,9 cm

44 SOLITÄR – BRETTSPIEL IN FORM DES EISERNEN KREUZES

Ein äußerst seltenes Beispiel eines vollständig erhaltenen Brettspiels, das aus der Zeit des Ersten Weltkrieges stammt und an der Front, in der Kaserne oder im Lazarett zum Einsatz kam.

Deutschland, wohl 1914–1918
Holz, Bein, gedrechselt; L./B. 14,8 cm, H. 6,5 cm
Leihgabe aus Privatbesitz

Kriegsfürsorge.

Gar viele Tausend zogen
hinaus,
Für's Vaterland sie starben
und ließen Weib und Kind
zu Haus,
die müßten jetzt darben,
die müßten hungern,
wenn Dir nicht,
mein Volk, die Dankbarkeit
nun Ehrenpflicht.
Zu teilen, heißt es jetzt
sein Hab und Gut
mit denen, deren Nährer
mit dem Schwert
in Fäusten ließen stolz
für Dich ihr Blut.
Jetzt zeige Dich, mein Volk,
der Opfer wert!

Berthold Eugen.

FRITZ GEHWEYER

45 POSTKARTE FÜR DIE KRIEGSFÜRSORGE

Mit Beginn des Ersten Weltkrieges stellte Bertolt Brecht (1898–1956) zusammen mit seinem Freund Fritz Gehweyer (1897–1918) gemeinsam Postkarten für die Kriegsfürsorge her. Nach der von beiden herausgegebenen Schülerzeitschrift *Die Ernte* (September 1913–Februar 1914) war dies ihr zweites Gemeinschaftsprojekt. Die Anregung zu dieser Arbeit ging auf den Vater von Brechts Bekanntem Heiner Haag zurück, der eine leitende Stelle beim Roten Kreuz hatte. Wie bei der *Ernte* sorgte Gehweyer für die Illustrationen, Brecht verfasste den Text. Nur diese Karte ist erhalten geblieben. Nach Kriegsbeginn stellte sich durch die rasant einsetzende Teuerung von Lebensmitteln, Bekleidung und Haushaltswaren bei vielen „Kriegerfamilien", deren Männer an der Front kämpften, eine finanzielle Bedürftigkeit ein. Neben den Kommunen, die vorrangig für einen angemessenen Lebensunterhalt zu sorgen hatten, gab es wohltätige Institutionen wie z.B. das Rote Kreuz, das durch den Verkauf von eigens für diese Kriegsfürsorge hergestellten Postkarten, Medaillen und Plaketten zu Spenden aufrief. Wie mit der Möglichkeit, nach Kriegsbeginn für zwei Tageszeitungen seiner Heimatstadt schreiben zu können, nutzte Brecht auch diese Gelegenheit, Texte zu verfassen, die über die Karten eine gewisse Verbreitung fanden.

Literatur: Kat. Ausst. Augsburg 2014, Kat.-Nr. 10

Augsburg, 1914/1915
Vs., Motiv (Entwerfer: Fritz Gehweyer): In einem Rechteckrahmen aus Rosenblüten ein aufgebahrter Gefallener, umgeben von vier Kerzenstöcken, links unten beim Kopfende eine Pickelhaube auf Kissen mit Eichenlaub, dahinter geraffter Vorhang und Querbehang mit Eisernem Kreuz oben links. Hinter dem Toten ein sitzender Junge, die Stirn trauernd auf beide Hände gestützt. Eine antikisch gewandete Frauengestalt mit bedecktem Haupt legt ihre rechte Hand tröstend auf den Kopf des Jungen. Rechts in hochrechteckigem Feld der Text (Verfasser: Bertolt Brecht): *Kriegsfürsorge. Gar viele Tausend zogen / hinaus, / Für's Vaterland sie starben / und ließen Weib und Kind / zu Haus, / die müßten jetzt darben, / die müßten hungern, / wenn Dir nicht, / mein Volk, die Dankbarkeit / nun Ehrenpflicht. / Zu teilen, heißt es jetzt / sein Hab und Gut / mit denen, deren Nährer / mit dem Schwert / in Fäusten ließen stolz / für Dich ihr Blut. / Jetzt zeige Dich, mein Volk, / der Opfer wert! / Berthold Eugen.*
Karton
H. 8,9 cm, B. 14,5 cm
Staats- und Stadtbibliothek Augsburg

Menschen," schluchzte die Bürgermeisterin. „Den Muskulus predigt auch zum Herzen," sagte die Ratsmännin.
(Fortsetzung folgt.)

Das Lied von der Eisenbahntruppe vom Fort Donald.*)

Die Männer vom Fort Donald — hohe!
Zogen den Strom hinauf, bis die Wälder ewig und seelenlos sind.
Aber eines Tags ging Regen nieder, und der Wald wuchs um sie zum See.
Sie standen im Wasser bis an die Knie:
Und der Morgen kommt nie, sagten sie.
Und wir sterben vor Licht, sagten sie.
Und horchten ganz stumm auf den Wind.

Die Männer vom Fort Donald — hohe!
Standen im Wasser mit Pickel und Schiene und starrten zum dunkelnden Himmel hinauf;
denn es ward dunkel, und Abend wuchs über dem plätschernden See.
Und kein Fetzen Himmel, der Hoffnung lieh!
Und wir sind schon so müd, sagten sie.
Und wir schlafen noch ein, sagten sie.
Und uns weckt keine Sonne mehr auf.

Die Männer vom Fort Donald — hohe!
Rüttelten tappend einander: Du, schlaf nicht ein, noch zuvor!
Denn Schlaf wuchs über Wasser und Nacht, und das Wachen tut weh!
Einer sagte: Ich weiß eine Melodie...
Das hält uns noch auf, sagten sie.
Ja, wir singen ein Lied, sagten sie.
Und es hob sich ein grausiger Chor.

Die Männer vom Fort Donald — hohe!
Tappten im dunkeln Wasser Ohios wie Maulwürfe, blind.
Aber sie sangen so laut, als ob ihnen ein herrliches Wunder geschah.
Ja, so wild aus heiseren Kehlen, so groß, so sangen sie nie:
Näher, mein Gott, zu dir, sangen sie.
Näher zu dir, sangen sie.
Und der See wuchs drunten, und oben wuchs Regen und Wind.

Die Männer vom Fort Donald — hohe!
Sangen voll Hoffnung, wie zitternden Munds im Dunkel ein Kind.
Aber der See stieg schwarz in den Stämmen, und lauter als sie noch der Sturmwind schrie:
Sonne und Heimat, Mutter und Kinder, ade!
Näher, mein Gott, zu dir, sangen sie.
O, wir ertrinken, ächzten sie.
Bis die Wasser weiterwachten für sie und ihr Lied sang weiter am Morgen der Wind.

Die Männer vom Fort Donald — hohe!
Modern unter den Zuggeleisen, die kurz ja durch ewige Wälder zum sonnigen Tag.
Aber abends Musik um die sausenden Züge schrillt, seltsam drohend und weh.

*) Ausgangspunkt für die Truppe, die quer durch amerikanische Wälder Schienen legte.

Denn die Bäume rauschen und orgeln eine düstere Melodie:
Und der Morgen kam nie, rauschen sie.
Und sie starben vor Licht, rauschen sie.
Abends der Wind in den Wäldern Ohios singt einen Choral.

Bert Brecht.

Wolf.

Novellette von **Emma Haushofer-Merk**.
(Nachdruck verboten.)

„Schau nur, Ernst, welchen Schmutz dein geliebter Wolf wieder in die Stube trägt!" zankte ärgerlich die hübsche junge Frau, die heute etwas schlechter Laune war. Gestern der lange Regentag, nun wieder die Wolken, die düsteren Berge.

„Geh', Schatz! — Das macht doch nichts — hier auf dem Land! Wir haben ja hier kein Parkett. — Ich kann Wolf wahrhaftig nicht befehlen, sich die Pfoten an der Matte abzureiben, ehe er hereinkommt."

„Ach was! Du hättest den Hund wohl zu Hause lassen können! Er braucht doch keine Sommerfrische!"

„Wo denn, bitte?"

„Bei deinem Förster, auf der Jagd, irgendwo eben —"

„Nein, das hätte Wolf sehr weh getan. Gelt, Wolf, da hättest du sehr Zeitlang gehabt nach dem Herrl." Als verstünde der Hund die Worte, schaute er mit den treuen braunen Augen zu Ernst auf, und wedelte, als dieser ihm das Fell tätschelte.

„Du bist einfach sentimental mit deinem Hund! Ich 'glaub' wahrhaftig, du hast ihn lieber als alle Menschen, lieber auch als deine Frau."

„Wolf teilt auch nicht. Wolf ist nicht launenhaft, Wolf ist immer entzückt von mir, und das ist bei den Menschen, auch bei meiner Frau, gar nicht immer der Fall," meinte der junge Mann lachend.

„Bitte, gesteh's nur offen, daß du am liebsten allein wärst mit deinem Wolf!" Sie sprach den Namen sehr höhnisch und verächtlich, und das reizte nun auch ihren Gatten zur Ungeduld.

„O, wir haben auch schon sehr viele Stunden allein miteinander zugebracht. Gelt, Wolf? Droben im Jagdrevier. Tagelang nur wir beide — — —"

„Ich versteh nicht, warum du dann überhaupt geheiratet hast!" klang's nun scharf zurück, „wenn du dich mit dem Hund so gut unterhältst."

„Wenn du so bist, wie heut, Trudel, fange ich an, es zu bereuen."

Nun standen ihr Zornträren in den Augen.

„So! Danke für die Aufrichtigkeit! Ich kann ja gehen, wenn du mich nicht brauchst. Meine liebe Mama freut sich, wenn ich zu ihr komme. O ja, sie ist glücklich, wenn sie bei mir bleibe. Ich will dein herrliches Alleinsein mit Wolf nicht stören. Adieu!"

Sie lief in das Schlafzimmer, setzte den Hut auf, nahm den Schirm; mit trotzigem Gesicht ging sie dann an Ernst vorüber zur Türe; natürlich erwartete sie, daß er nun ein einlenkes, ihr ein gutes Wort

46 BERTOLT BRECHT: DAS LIED VON DER EISENBAHNTRUPPE VOM FORT DONALD

Mit dem Lied von der *Eisenbahntruppe vom Fort Donald*, am 13. Juli 1916 im *Der Erzähler*, der literarischen Beilage der *Augsburger Neuesten Nachrichten*, erschienen, legte Brecht sich eine neue Identität als Schriftsteller zu. Er zeichnete erstmals – und ab diesem Zeitpunkt stets – ein Werk mit „Bert Brecht". Die Zäsur zeigt hinsichtlich der literarischen Qualität einen Quantensprung an: Brecht verfasste erstmals Lyrik, die er selbst Jahre später noch für so gelungen hielt, dass er sie – mehrfach überarbeitet – in die *Hauspostille* aufnahm.

Trotz des scheinbaren Wechsels des Themas und der Genres handelt es sich um eine Allegorie des Krieges. Der Feind sind nunmehr Naturgewalten, blinde, nicht beeinflussbare Kräfte, die den Soldaten, die jetzt als Arbeiter in Erscheinung treten, entgegenstehen. Sie repräsentieren alle, die Mitte des Jahres 1916 an den Fronten eines Krieges stehen, der nur noch Verlierer haben konnte.

Das im Krieg offenbar werdende Leid, die existenzielle Verlassenheit des Menschen, hebt Brecht auf eine allgemeine Ebene. Für das Leben gilt, was im Krieg konkret erfahrbar wird: Der Mensch steht auf „verlorenem Posten".

Literatur: Kat. Ausst. Augsburg 2014, Kat.-Nr. 15

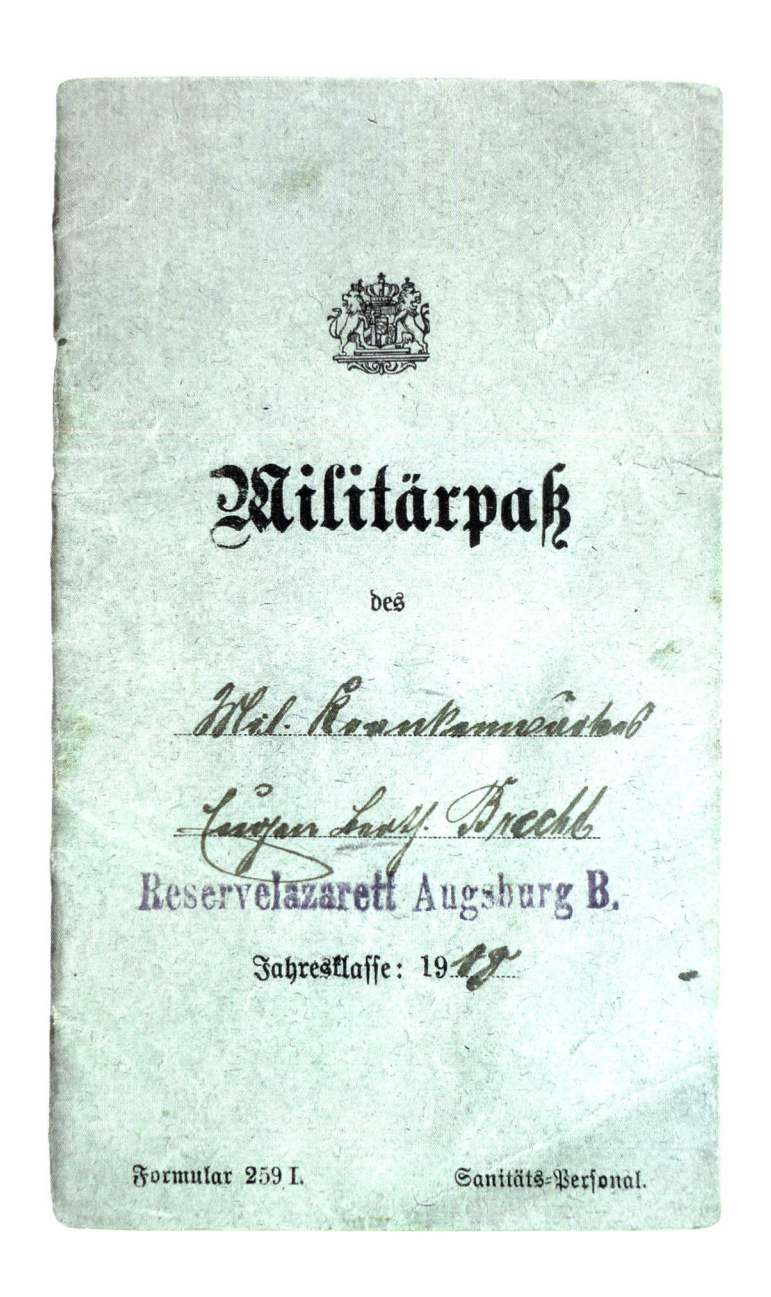

Augsburg, ausgestellt am 1. Oktober 1918
Papier, 8 Seiten
H. 14 cm, B. 8,5 cm
Staats- und Stadtbibliothek Augsburg

47 MILITÄRPASS VON BERTOLT BRECHT

An Brechts antimilitärischer Haltung konnte spätestens seit seiner kritischen Interpretation des Horaz-Verses „Dulce et decorum est pro patria mori" (Süß und ehrenvoll ist es, fürs Vaterland zu sterben) aus dem Jahr 1916, die ihm beinahe den Schulverweis eingebracht hätte, kein Zweifel bestehen. Nachdem er bereits seit April 1917 freiwillig sporadisch Kriegshilfsdienst geleistet hatte, um so zum Kriegsnotabitur zugelassen zu werden, wurde er am 14. Januar 1918 gemustert, weil er zum Militärdienst herangezogen werden sollte. Brechts Vater stellte am 1. Mai 1918 ein „Gesuch um Beurlaubung", dem stattgegeben wurde. Ein zweites Zurückstellungsgesuch vom 21. Juli 1918 wurde allerdings abgelehnt, und es wurde beantragt, Brecht für die Ableistung der achtwöchigen Waffendienstzeit einberufen zu lassen. Zum 1. Oktober 1918, einem Dienstag, meldete sich Brecht von der Universität München zum Militärdienst ab. An die Studentin Hedda Kuhn schrieb er: „Ich werde am Dienstag begraben". Die achtwöchige Ausbildung an der Waffe musste er, vermutlich aufgrund von Beziehungen seines Vaters, nicht ableisten, sondern er war bis 9. Januar 1919 als Schreiber und Militärkrankenwärter am „Reservelazarett Augsburg" tätig. Die ersten drei Wochen des Oktobers 1918 leistete er seinen Dienst beim Reservelazarett in der Schillerschule in Augsburg-Oberhausen (vgl. Kat.-Nr. 42), in das Schwerverwundete gebracht wurden. Dann wurde er an das zweite Reservelazarett, das in Baracken auf dem Hof der Elias-Holl-Schule untergebracht war, verlegt, hier in die dermatologische Abteilung des Medizinalrats Dr. Julius Raff, der Brechts Familie gut kannte. Nun wurde Brechts Arbeit leichter, seine Tätigkeit verrichtete er eher mit Humor als mit Disziplin. Er trat in einer Fantasieuniform mit Spazierstock und gelben Schuhen auf und zelebrierte seinen Dienst fast wie eine Theaterinszenierung.

Literatur: Kat. Ausst. Augsburg 2014, Kat.-Nr. 27

LEGENDE VOM TOTEN SOLDATEN

Und als der Krieg im fünften Lenz
Keinen Ausblick auf Frieden bot
Da zog der Soldat seine Konsequenz
Und starb den Heldentod.

Der Krieg war aber noch nicht gar
Drum tat es dem Kaiser leid
Daß sein Soldat gestorben war:
Es schien ihm noch vor der Zeit.

Der Sommer zog über die Gräber her
Und der Soldat schlief schon
Da kam eines Nachts eine militär-
ische ärztliche Kommission.

Es zog die ärztliche Kommission
Zum Gottesacker hinaus
Und grub mit geweihtem Spaten den
Gefallnen Soldaten aus.

Der Doktor besah den Soldaten genau
Oder was von ihm noch da war
Und der Doktor fand, der Soldat war k. v.
Und er drücke sich vor der Gefahr.

Und sie nahmen sogleich den Soldaten mit
Die Nacht war blau und schön.
Man konnte, wenn man keinen Helm aufhatte
Die Sterne der Heimat sehn.

Sie schütteten ihm einen feurigen Schnaps
In den verwesten Leib
Und hängten zwei Schwestern in seinen Arm
Und ein halb entblößtes Weib.

Und weil der Soldat nach Verwesung stinkt
Drum hinkt ein Pfaffe voran
Der über ihn ein Weihrauchfaß schwingt
Daß er nicht stinken kann.

Voran die Musik mit Tschindrara
Spielt einen flotten Marsch.
Und der Soldat, so wie er's gelernt
Schmeißt seine Beine vom Arsch.

Und brüderlich den Arm um ihn
Zwei Sanitäter gehn
Sonst flöge er noch in den Dreck ihnen hin
Und das darf nicht geschehn.

Sie malten auf sein Leichenhemd
Die Farben Schwarz-Weiß-Rot
Und trugen's vor ihm her; man sah
Vor Farben nicht mehr den Kot.

Ein Herr im Frack schritt auch voran
Mit einer gestärkten Brust
Der war sich als ein deutscher Mann
Seiner Pflicht genau bewußt.

So zogen sie mit Tschindrara
Hinab die dunkle Chaussee
Und der Soldat zog taumelnd mit
Wie im Sturm die Flocke Schnee.

Die Katzen und die Hunde schrein
Die Ratzen im Feld pfeifen wüst:
Sie wollen nicht französisch sein
Weil das eine Schande ist.

Und wenn sie durch die Dörfer ziehn
Waren alle Weiber da
Die Bäume verneigten sich, Vollmond schien
Und alles schrie hurra.

Mit Tschindrara und Wiedersehn!
Und Weib und Hund und Pfaff!
Und mitten drin der tote Soldat
Wie ein besoffner Aff.

Und wenn sie durch die Dörfer ziehn
Kommt's, daß ihn keiner sah
So viele waren herum um ihn
Mit Tschindra und Hurra.

So viele tanzten und johlten um ihn
Daß ihn keiner sah.
Man konnte ihn einzig von oben noch sehn
Und da sind nur Sterne da.

Die Sterne sind nicht immer da
Es kommt ein Morgenrot.
Doch der Soldat, so wie er's gelernt
Zieht in den Heldentod.

Bertolt Brecht, 1918

Abb. 1   Bertolt Brecht in seiner Mansarde, Augsburg, 1916

JÜRGEN HILLESHEIM
VOM OPPORTUNISTEN ZUM MORALISTEN? BRECHTS WEG DURCH DEN ERSTEN WELTKRIEG

Ein abgeklärter „Mittelschüler"

„Ich muß immer dichten!"[1] schreibt der fünfzehnjährige Brecht in einer Mischung aus vermeintlicher Zwanghaftigkeit und Größenwahn – er wollte zu dieser Zeit schon ein bedeutender Klassiker werden – in sein Tagebuch. Dementsprechend reichte der junge Augsburger auch schon erste dichterische Versuche bei Zeitschriften ein, deren Redakteure ihn nicht einmal einer Absage für wert hielten. Also passte er sich in erstaunlicher Gelassen- und Nüchternheit dem Faktischen an und rief gemeinsam mit einem Freund eine Schülerzeitschrift, *Die Ernte*, ins Leben, um publizieren, sich aber auch als Redakteur und Herausgeber gerieren zu können. Die Inhalte waren beliebig, die Gattungen und Genres reichhaltig; alles wollte der ambitionierte Gymnasiast erproben und kopieren, um sozusagen von Grund auf das Handwerk des Schriftstellers zu erlernen.

Die Ernte erschien von August 1913 bis Februar 1914. Dann klafft in der Überlieferungsgeschichte des Frühwerks Brechts eine Lücke von einigen Monaten – erst wenige Tage nach Ausbruch des Ersten Weltkrieges, am 8. August 1914, ist wieder ein kleiner Text dokumentierbar, der aus seiner Feder stammt. Er ist der erste von insgesamt ca. 40 Beiträgen, die Brecht von August 1914 bis Anfang 1916 in zwei Augsburger Tageszeitungen, den *Augsburger Neuesten Nachrichten* und der *München-Augsburger Abendzeitung* und deren literarischen Beilagen, veröffentlichen konnte. Diese Beiträge galten lange als konventionelle Kriegsliteratur, verfasst von einem von der nationalistischen Euphorie des sog. „Augusterlebnisses" mitgerissenen Gymnasiasten. Könnte das ernsthaft verwundern? Absonderlich wäre das nicht gewesen, denn auch damals so bedeutende Autoren wie Thomas Mann, Gerhart Hauptmann und Hugo von Hofmannsthal konnten sich der patriotischen Aufbruchsstimmung nicht entziehen; von der Masse der mediokren Schriftsteller ganz zu schweigen. Theodor Fontane hatte im 19. Jahrhundert beklagt, dass die Stimme der Dichter in der Öffentlichkeit zusehends an Geltung und Autorität verlieren würde. Nun waren sie mit einem Schlag wieder gefragt, als Deuter und Verklärer der politischen Gegenwart. Wie hätte man also von einem sechzehnjährigen Schüler mit diesen literarischen Ambitionen erwarten dürfen, sich da herauszuhalten? Für ein patriotisches Engagement scheint auch zu sprechen, dass Brecht gemeinsam mit seinem Freund und Mitherausgeber der *Ernte*, Fritz Gehweyer, eine Reihe von Postkarten für die Kriegsfürsorge des Roten Kreuzes herstellte, von denen nur eine im Original erhalten ist (Kat.-Nr. 45).[2]

Während der letzten Jahre entspann sich zu diesen frühesten Pressebeiträgen Brechts eine rege Forschungsdiskussion. Nach wie vor gibt es Meinungen, die von der Authentizität des Nationalismus des jungen Brecht ausgehen.[3] Andere wiederum heben z.B. poetologische Elemente, Doppeldeutigkeiten hervor, mit denen sich der Schüler Distanz zum politischen Tagesgeschehen verschafft. Dies hieße, Brecht habe diese Beiträge verfasst, um die Gelegenheit wahrzunehmen, erstmals für eine größere Leserschaft schreiben zu können[4] und vor diesem Horizont auch an jenen Postkarten mitgearbeitet. Die Hefte der *Ernte* hatten Brecht und Gehweyer ja in eigener Produktion hergestellt, sie hatten eine Auflage von jeweils zwanzig bis dreißig Exemplaren und fanden nur innerhalb der doch überschaubaren Schülerschaft des Augsburger Realgymnasiums, das Brecht besuchte, Verbreitung. Nun ergaben sich plötzlich ganz andere Möglichkeiten der Verbreitung.

Sieht man sich die Texte mit Kriegsthematik näher an, häufen sich in der Tat Ungereimtheiten. Bereits eine Woche nach Kriegsbeginn, am 8. August 1914, erschien in den *Augsburger Neuesten Nachrichten* Brechts erster Beitrag *Turmwacht*. Tatsächlich gelingt es dem „Augsburger Mittelschüler" in anschaulicher Weise und schlichter Sprache, die Atmosphäre dieses nächtlichen Verweilens auf der Plattform des Perlachturms (vgl. Kat.-Nr. 29–31) zu beschreiben:

„Grau in der stillen, blauen Nacht liegen die Häuser Augsburgs unter uns. Aus dem Gewirr der oft engen, winkligen Straßen erheben sich spitze Giebel wie gefaltete Hände. Vereinzelt glitzern goldene Lichter auf, besonders viele am Bahnhof drüben. Eine tiefe Ruhe umfängt uns.
In der Ferne, an den Rändern des Horizontes, dämmern hellgraue Streifen, die sich dann in dunkles, tiefes Blau nach oben hin verdüstern. Dorthin richten wir den Feldstecher [...] Es war wunderbar schön hier in mitternächtiger Stunde auf dem hohen Turm."[5]

Eine Reihe von Einzelheiten in diesem Text relativiert jedoch dieses Stimmungsbild, lässt es als rein literarisches Szenarium erscheinen. Elemente von Humor und Selbstironie verwendet der Ich-Erzähler, wenn er etwa sich und seinen Kameraden als „zwei äußerst verdächtige Gestalten" beschreibt, als „Nachtschwärmer, die man wegen ihrer Vermummtheit und ihrer bitterernsten und tollkühnen Gesichter für Spione hätte halten können."[6] Auch das „väterliche Auge des Gesetzes" und der „schlaftrunkene Wächter"[7] passen nicht unbedingt zu der beinahe erhabenen Stille und Dunkelheit und gleichzeitiger angespannter Erwartung feindlicher Flugzeuge. Und die „kleine poetologische Bemerkung"[8] (wie ich mir aus einem Roman gemerkt habe)",[9] gleich zu Beginn des Stimmungsbildes setzt bereits, wie Jan Knopf feststellt, „den ganzen Text in ironische Anführungszeichen":

„Durch den Einschub in der Klammer sowie durch die Nennung der Mitternachtsstunde ist – vom Text her gesehen – nicht mehr zu entscheiden, ob alles, was folgt (oder Teile, die folgen) Fiktion bzw. eine Art ‚Schauermärchen' oder, wie es die Textsorte signalisiert, ‚Wirklichkeits'-Wiedergabe (in Form einer Reportage) ist."[10]

Es können keine Zweifel bestehen: Schon in seinem ersten Zeitungsbeitrag literarisiert und ästhetisiert Brecht die Ernsthaftigkeit der Kriegssituation. Der Dienst auf dem Perlachturm erscheint mehr oder weniger als amüsantes Theater, das sich vor durchaus beeindruckender Kulisse vollzieht. Hinzu kommt, dass der Schluss *Turmwacht* als persuasiven Text ausweist. Es ist Werbung, eine Auftragsarbeit, Brecht gibt eine Adresse der Stadtverwaltung an, bei der man, einmal Interesse für eine solche „Turmwacht" entwickelt, sich als Freiwilliger melden könne.¹¹ Der Text hat nämlich eine journalistische bzw. tagespolitische Vorgeschichte. Mit Kriegsanfang herrschte in der Bevölkerung Angst vor Luftangriffen, obwohl zu dieser Zeit technisch kein Feind in der Lage gewesen wäre, solche auszuführen. Es wurde unter dem Titel *Wächter auf die Türme* in den *Augsburger Neuesten Nachrichten*¹² dazu aufgerufen, nachts die Türme der Stadt zu besetzen und nach Flugzeugen Ausschau halten zu lassen. Brechts Text ist nichts anderes als ein weiterer solcher Appell, am 8. August. Die Tatsache, dass zwischen jenem Aufruf zu „Turmwachten" in der Zeitung und zwischen Brechts Beitrag *Turmwacht* nur zwei Tage liegen, deutet darauf hin, dass es jene Nacht auf der Plattform des Perlachturms, die der Autor so anschaulich beschreibt, mit größter Wahrscheinlichkeit gar nicht gegeben hat. Sie ist fiktiv, geschuldet dem Auftrag, einen möglichst ansprechenden Werbetext zu verfassen. Wohl einzig deshalb schlüpfte der junge Autor in die Rolle jenes „Mittelschülers".

Brecht spielt mit literarischen Formen, er parodiert auch den zeitgenössischen Predigtduktus und damit den eigenen Religions- und Konfirmandenunterricht, den er bei Dekan Hans Detzer von der Barfüßerkirche genossen hatte. Detzer war nach Kriegsausbruch in Augsburg durch mehrere Hetzreden in Erscheinung getreten, die Brecht nun literarisch verarbeitete. Weitere Beispiele seien kurz angerissen: Während in der Gebrauchslyrik dieser Zeit die Besatzung des Kriegsschiffes *Emden* etwa als heldenhaft und vorbildlich gefeiert wird, zeichnet Brecht, an die literarische Tradition des Geisterschiffs anknüpfend, ein Gespensterszenario, das auf Tod und Verwesung hindeutet. Lange nahm man Brecht die Betroffenheit des Gedichtes *Soldatengrab* angesichts eines gefallenen Freundes ab, ein Blick auf Brechts Umfeld allerdings erweist rasch, dass bis zu diesem Zeitpunkt noch gar keiner seiner Freunde oder ein näherer Bekannter im Krieg umgekommen war. Also auch hier Dichtung, Fiktion, die den „Forderungen des Tages" angepasst ist. Auch die *Augsburger Kriegsbriefe* geben in erster Linie keine authentischen Beobachtungen wieder – das stellt schon der eher bayerische als schwäbische Dialekt außer Zweifel, den Brecht den Bürgern in den Mund legt –, sondern sie imitieren eine in dieser Zeit modern gewordene Gattung: Den *Deutschen Kriegsbriefen*, die für die Daheimgebliebenen von der Front berichteten und in unzähligen Zeitungen zu lesen waren, setzte der junge Brecht schlicht und einfach seine *Augsburger Kriegsbriefe* entgegen. Fast schon eine verdeckte Majestätsbeleidigung ist schließlich das Gedicht *Der Kaiser*, veröffentlicht am 27. Januar 1915, zum Geburtstag des deutschen Regenten (Kat.-Nr. 2). Dieser nämlich wird in einen Reim mit Immanuel Kant gezwungen –

Steil. Treu. Unbeugsam. Stolz. Gerad.
König des Lands
Immanuel Kants
Hart kämpfend um der Schätze hehrsten
Den Frieden. So: im Frieden Streiter und Soldat.
Einer Welt zum Trotz hielt Er Frieden dem Staat. –
Und – trug ihn am schwersten.¹³

– ausgerechnet mit dem Sinnbild höchster und abstraktester Intelligenz. Und das, obwohl der deutsche Herrscher bei seinen öffentlichen Auftritten – wir wollen es in Milde ausdrücken – geistig doch gerade eher schwerfällig wirkte, was auch den Untertanen nicht entgehen konnte.

Die Absicht, die dahinter steht, scheint eindeutig: Tatsächlich wollte Brecht unter allen Umständen veröffentlichen, tatsächlich waren dabei, wie sich schon bei der *Ernte* angedeutet hatte, die Inhalte sekundär. Demnach handelt es sich abermals um ein recht abgeklärtes, geradezu strategisches Vorgehen, wenn es darum ging, als Schriftsteller in Erscheinung treten zu können.

Doch trotz des geplanten Agierens Brechts, wenn es darum ging, sich Publikationsmöglichkeiten in den Augsburger Zeitungen zu verschaffen, ist auch durchgehend und schon recht früh eine ernsthafte verdeckte Distanzierung vom Krieg und der wilhelminischen Außenpolitik spürbar; übrigens auch in indirekter Auseinandersetzung mit Gedichten Ludwig Ganghofers, einem der schlimmsten literarischen Kriegshetzer dieser Zeit, gegen die Brecht anschrieb. Ganghofers Gedichte wurden dann in einer Anthologie veröffentlicht, die den bezeichnenden Titel *Eiserne Zither* tragen sollte.[14] In dieser Position sollte Brecht nach dem Krieg prominente Gesellschaft bekommen: Auch Karl Kraus sollte sich in seinem voluminösen Weltkriegsdrama *Die letzten Tage der Menschheit* über Ganghofer lustig machen, den er als retardierten, kaisertreuen bayerischen Trottel darstellt.

Brechts Abstand vom tagespolitischen Geschehen sei nun an einem spezifischen Motiv dargestellt, anhand seines Umgangs mit Heldenfiguren bzw. der Gattung der Heldenlegende, auf dessen Basis sich tatsächlich eine Entwicklung dokumentieren lässt, die der junge Autor Brecht während des Krieges machte.

Tote Helden „hüben und drüben". Die moderne Legende

Was ist eine Heldenlegende? In traditioneller Vorstellung ein zum Teil mythenhaft überhöhtes literarisches Lob, gleich ob in Form von Lyrik oder Prosa, mit dem außergewöhnliche Taten außergewöhnlicher Männer besungen werden. Mut, Tapferkeit, aber auch Verantwortungsgefühl und Besonnenheit zeichnen „Helden" aus, nicht selten geben sie ihr Leben hin für die politischen oder religiösen Ideale, für die sie einstehen. Es ist die Intention der Heldenlegende, deren Tradition zurück bis in die Antike reicht, die Vorbildfunktion dieser großen Männer darzustellen. Immer wieder waren es Kriege, die Helden notwendig machten und angeblich hervorbrachten, und stets wurden in der Dichtung, auch in der bildenden Kunst, solche besungen. 1914, mit Kriegsausbruch, war also wieder eine Zeit für Helden gekommen (Kat.-Nr. 2).

Was jedoch ist, vor diesem Hintergrund, um wieder auf Brecht zurückzukommen, eine *Moderne Legende*, wie der Titel eines seiner Kriegsgedichte, das bereits am 10. November 1914 erstmals veröffentlicht wurde, lautet:

> Als der Abend übers Schlachtfeld wehte
> Waren die Feinde geschlagen.
> Klingend die Telegraphendrähte
> Haben die Kunde hinausgetragen […]
> In der Nacht noch spät
> Sangen die Telegraphendräht
> Von den Toten, die auf dem Schlachtfeld geblieben –
> Siehe, da ward es still bei Freunden und Feinden.
> ………………
> Nur die Mütter weinten
> Hüben – und drüben.[15]

Die ersten drei Strophen des Gedichts scheinen der offiziellen Kriegspropaganda zu entsprechen. Eine von vielen Schlachten ist vorüber, der Technik der Telegrafie ist es nun zu verdanken, dass sich die Kunde schnell verbreitet. Wie nach den meisten Schlachten des Krieges gibt es Sieger und Verlierer und an den Heimatfronten wird entsprechend, je nach Zugehörigkeit, reagiert. Die einen fluchen im wilden Hass der Verlierer und die anderen jubeln im „Rasen der Lust"[16] der Sieger und danken Gott für seinen Beistand. Bemerkenswert ist, dass der junge Brecht diese beiden „Lager" geografisch so weit wie nur möglich auseinanderlegt. Sie markieren die beiden Enden der Welt,[17] dabei war der Erste Weltkrieg im Frühstadium eine innereuropäische Angelegenheit (Kat.-Nr. 10, 14). Wahrscheinlich ist, dass es sich um eine deutsch-französische Schlacht gehandelt hat, wenn man ein konkretes historisches Geschehen als Anlass des Gedichts voraussetzen möchte.

Doch genau darum geht es Brecht nicht und deshalb ist seine Legende „modern": Die Fronten sind so weit voneinander entfernt, um von vornherein jede Möglichkeit genauerer Zuordnung auszuschließen. Sie sind der Wirklichkeit entzogen, der Leser darf sich nicht sicher sein, wer die Schlacht schlug. Er muss wohl, wenn es sich um ein Gedicht aus einer deutschen Zeitung vom Herbst 1914 handelt, voraussetzen, dass auf jeden Fall deutsche Soldaten am Kampf beteiligt waren, aber selbst dies ist nicht zu belegen, nimmt man nur den Text als Basis. Er bleibt abstrakt, weil er ein allgemeinmenschliches, gerade kein nationales Thema hat. Als sich nämlich, in der vierten Strophe, der Rauch vom Schlachtfeld verzogen hat, wird ihr – menschliches, nicht politisches – Resultat offenbar: Unzählige Tote, von denen die „Telegraphendräht" dann abermals zu singen hatten. Der Held der traditionellen Legende wird entpersonalisiert. Die genialischen Führerfiguren von einst werden zur Masse, zu einer rein numerischen Größe, einer Anzahl von Toten, die allerdings das Ausmaß des Leides verdeutlicht: Siegesjubel und wildes Fluchen verstummen plötzlich, die extatische Geräuschkulisse der Schlacht löst sich auf. Was so hörbar wird, ist das Weinen der Mütter, von Menschen, die durch den Tod ihrer Söhne zu zerstörten Existenzen wurden – „hüben und drüben". Abermals ist deren Nationalität gleichgültig. Die Frage nach ihr ist banal, steht zurück hinter der unermesslichen Trauer, die jene Mütter – eine Anspielung auf die Bildende Kunst, auf die Pietà[18] – erfüllt. „Modern" ist Brechts früheste Legende also, weil sie gegen die Tradition gerichtet und damit zeitgemäß, dem Kriegsleid angemessen, ist. In ihrem Mittelpunkt stehen nicht heldenhafte deutsche Soldaten im Kampf, sondern namenlose Kriegsopfer und deren weinende Mütter an allen Fronten.

Gleichzeitig ist dem Titel *Moderne Legende* eine poetologische Ebene eingeschrieben, die der junge Autor einnimmt. Denn mit dem Adjektiv „modern" verortet er sich selbst in der Literaturgeschichte, er charakterisiert sein eigenes Werk als „modern" und macht damit als Sechzehnjähriger seinen Anspruch deutlich, literarisch über die Tradition hinausgehen, sie in Zeitgemäßheit weiterführen zu wollen.

Den Helden steht das Wasser bis zum Hals: Lied von der Eisenbahntruppe von Fort Donald

Mit dem *Lied von der Eisenbahntruppe von Fort Donald*, am 13. Juli 1916 im *Erzähler*, der literarischen Beilage der *Augsburger Neuesten Nachrichten,* erschienen, legte sich Brecht eine neue Identität als Schriftsteller zu. Er zeichnete erstmals – und ab diesem Zeitpunkt stets – ein Werk offen mit „Bert Brecht". Bei den vorangegangenen Zeitungsbeiträgen lautete die Signatur des Autors halbanonym „Augsburger Mittelschüler"[19] oder Brecht benutzte das Pseudonym „Berthold Eugen" (Kat.-Nr. 45), das aus seinen Vornamen in umgekehrter Reihenfolge besteht. Dass sich in dieser Zeit tatsächlich ein „Selbst"-Bewusstseinswandel vollzogen hatte, dokumentiert ein noch nicht lange bekanntes Foto, das Brecht im Juni 1916, so die handschriftliche Datierung, in seiner Mansarde in der Bleichstraße in Augsburg zeigt, mit Gitarre, offen, dem Betrachter zugewandt, bereit, die literarische Welt zu erobern und es mit Konkurrenten aufzunehmen (Abb. 1).[20] In diese Zeit fällt auch seine außergewöhnliche Interpretation des Horaz-Satzes „Dulce et decorum est pro patri mori", zu dem ein Schulaufsatz zu verfassen war, ein damals sehr beliebtes Thema. Es ist wie bei der *Modernen Legende*: Brecht widersetzte sich den üblichen Deutungen mit stereotypen nationalistischen Parolen (vgl. Kat.-Nr. 8, 20) und setzte dagegen, dass nur Hohlköpfe diese Sentenz ernstnehmen könnten. Dafür wäre er beinahe der Schule verwiesen worden.[21] Was Brecht sich also bis dahin verboten hatte, seine Indifferenz oder gar Ablehnung des Krieges in seinen Beiträgen direkter zu thematisieren, gestattete er sich am Königlichen Realgymnasium.

Das neue Selbstbewusstsein ist kein Wunder. Denn diese Zäsur zeigt hinsichtlich der literarischen Qualität einen Quantensprung an: Gemeinsam mit dem etwa gleichzeitig entstandenen Gedicht *Vom Tod im Wald*[22] verfasste Brecht mit dem *Lied von der Eisenbahntruppe von Fort Donald* erstmals Lyrik, die er selbst Jahre später noch für so gelungen hielt, dass er sie in die *Hauspostille*, die berühmte Sammlung seiner Augsburger Lyrik, aufnahm. Die Kriegsdichtung lag offensichtlich hinter Brecht, mit der rasanten Fortentwicklung seines Talents ging vermeintlich ein Wechsel der Themen und Genres einher. Die nachweisbare Quellenvielfalt[23] deutet überdies nicht nur auf eine schon weit fortgeschrittene Loslösung von traditionellen lyrischen Formen, sondern auch darauf, dass Brecht seine Ästhetik der Materialverwertung zu dieser Zeit bereits in kühner Weise zur Anwendung brachte. Es kann nicht überraschen, dass das Gedicht in der literarischen Beilage platziert wurde; die Tageszeitung hatte für solcherlei Lyrik keinen Raum, keine Leser, und das *Lied* dürfte bei seiner Entstehung auch nicht für eine Publikation in der Presse vorgesehen gewesen sein.

> Die Männer von Fort Donald – hohé!
> Zogen den Strom hinauf, bis die Wälder ewig und seelenlos sind.
> Aber eines Tages ging der Regen nieder und der Wald wuchs um sie zum See.
> Sie standen im Wasser bis an die Knie.[24]

Wir wissen nicht, ob sich die Redakteure darüber im Klaren waren: Trotz anderer Schauplätze und Stimmung, neuer Bilder und Metaphorik, ist das *Lied von der Eisenbahntruppe von Fort Donald* nichts anderes als Kriegslyrik. Schuhmann stellt fest, dass die „Schlachtfelder irgendwo in Europa" nun „mit den Wäldern und Seen zwischen Amerika und Kanada vertauscht"[25] wurden. Dies ist richtig; Brecht schließt dennoch an ein bewährtes Motiv an, das spätestens jetzt in seinem Werk zu einer paradigmenübergreifenden Konstante wird. Er kehrt zurück zu fragwürdig gewordenen Helden, zu „Soldaten", die auf „verlorenem Posten" stehen und nun Anti-Helden sind. Insofern fügt sich das Gedicht schlüssig zu Brechts Stimmung, die ihn zu seiner sehr direkten Horaz-Interpretation veranlasst hatte. Die Fronten der Materialschlachten des Ersten Weltkrieges haben sich im Gedicht nun tatsächlich in Naturgewalten gewandelt und die Soldaten in Arbeiter. Die semantische Verbindung zum Bereich des Militärischen wird jedoch, bezeichnenderweise gleich im Titel, durch die Verwendung des Begriffes „Truppe" hergestellt. Dieser ist – wie vor sozialistischem Hintergrund „Brigade" – in der Arbeitswelt durchaus gebräuchlich, eindeutig jedoch militärischen Ursprungs. Zudem deutet er auf das Abgeordnetsein, auf das „Auf dem Posten-Stehen" der Männer: Es ist ihnen anbefohlen, eine Aufgabe, eine Mission zu erfüllen und darin auszuharren. „An der Front" sind auch sie. Die Kulisse der amerikanischen Eisenbahn-Pionierzeit verdeutlicht dies: Der Trupp hat Schienen zu verlegen bzw. bereits verlegte instand zu halten, und dies in „Feindesland". Mit anderen Worten: Es herrscht Kriegszustand, die Männer müssen mit Angriffen rechnen. Auch die Information, dass die Arbeiter einem „Fort", seiner Funktion nach mit einer Kaserne, Festung oder Bastei vergleichbar, entstammen, weist auf diese Situation: Sie befinden sich außerhalb ihres geschützten militärischen Bereichs. Die Gegenperspektive: Die Männer verlegen im Urwald der Indianer Eisenbahnstrecken, zerstören damit ihren Lebensraum, tun ihnen Gewalt an. Brecht kennt als alter Karl-May-Leser diese Szenerie nur zu gut. Sie bildet eine der markanten Kulissen des ersten Romans der *Winnetou*-Trilogie. Der Feind, der allerdings wirkungsvoll Paroli bietet, sind die Naturgewalten, blinde, nicht beeinflussbare Kräfte, die den Männern entgegenstehen. Sie lassen das Wasser ansteigen und sie verschlingen. Dass der Mensch in seinem Ausgesetztsein, wie ausnahmslos in allen anderen bis dahin entstandenen Werken Brechts, die sich diesem Thema widmen, keine Hilfe von einer metaphysischen Instanz zu erwarten hat, wird unmissverständlich klar. Auch hier erweist er sich als „modern", als „sehr modern" sogar und äußerst provokant: Ein Gott existiert nicht; falls doch, ist es einer, der Besseres zu tun hat, als seiner Kreatur beizustehen: Er schaut zu, wie die Arbeiter langsam, aber mit Gewissheit von den entfesselten Naturkräften überwältigt werden; so wie dies den Passagieren der *Titanic*,[26] aber auch den Frontsoldaten des Krieges passiert, die gleichfalls jenseits jeglichen göttlichen Erbarmens ihr Leben verlieren, ohne Aussicht auf ein Entrinnen. Dies ist ein Gottesbild, das seinen Ursprung in Brechts Kriegslyrik hat und sich wie ein Leitmotiv durch sein gesamtes Werk ziehen sollte.

Dabei haftet den wütenden Naturgewalten durchaus der Charakter des Naturmagischen an. Es ist, als würde das steigende Wasser die Aufgabe der hilflosen Indianer übernehmen, die in deren Gebiet eindringenden Feinde auszumerzen. Zwar erscheint das Wasser nicht, wie in der klassischen naturmagischen Lyrik, als personalisiertes Fabel- oder Geisterwesen, doch es „verstößt" gegen die Naturgesetze: Es steigt dort, wo es abfließen müsste, in den Höhen, in die die Männer hinaufgingen. Hier könnten Stürme die Männer vernichten,

Sturzbäche sie in die Tiefe reißen, aber doch wohl nur schwerlich ansteigende Fluten zum Ertrinken bringen. Leicht müsste es ihnen eigentlich fallen, sich auf einer Anhöhe in Sicherheit zu bringen, doch das ziehen sie nicht in Betracht; sie erkennen, dass es sich hier um ein zwar metaphysikfreies, aber dennoch apokalyptisches Szenario handelt, vor dem nicht banal davonzulaufen ist. Es gibt „kein Entrinnen", wie die Männer in sich steigerndem zynischen Fatalismus, entsprechend den verschiedenen Bearbeitungsstufen des „Lieds", feststellen. Ihre „Unschuld" im Territorium der Indianer offenbar längst verloren, konstatieren sie mit einer gewissen Abgeklärtheit nun den eigenen Untergang. Der traditionelle, pathetische Begriff des Helden und dessen Taten und Tod hat bei ihnen längst keine Bedeutung mehr.

Das im Krieg offenbar werdende Leid, die existenzielle Verlassenheit des Menschen, hebt Brecht im *Lied von der Eisenbahntruppe von Fort Donald* auf eine allgemeine Ebene, um abermals einen Blick auf das Kriegsgeschehen zu werfen. Für das Leben gilt, was im Krieg konkret erfahrbar wird: Der Mensch steht auf „verlorenem Posten". Das Gedicht hat jeglichen „doppelten Boden", jegliche Ambivalenz, die viele der frühen Zeitungsbeiträge Brechts bestimmten, verloren. Es handelt sich um eine Allegorie des Krieges, um eine solche freilich, deren Abgeklärtheit kaum zu überbieten wäre. Die auktoriale Instanz, die hinter dem *Lied von der Eisenbahntruppe von Fort Donald* steht, weiß längst um das „Wesen der Dinge". Dies kontrastiert in der frühen Fassung durchaus noch mit einer gewissen Sentimentalität und Religiosität",[27] die Seliger bei den Männern zu erkennen glaubt. In den späteren Varianten kämpfen sie zwar noch gegen ihr Schicksal an, wundern sich aber nicht mehr sonderlich über ihren bevorstehenden Untergang. Denn sie wissen: Eigentlich haben sie ihn verdient. Ein prononcierter Fatalismus wird dem Leser geradezu genüsslich[28] und mit höchstem artistischen und ästhetischen Können vorgeführt – exemplifiziert an jenem Eisenbahntrupp. Er steht für alle, die Mitte des Jahres 1916 an den Fronten eines Krieges ausharrten, der nicht mehr gewonnen werden konnte und der bereits die „Seelen" aller beschädigt hatte. Kein „reinigendes Gewitter", dem der ungetrübte blaue Himmel folgt, ist er, sondern unentrinnbare Sintflut verheerendsten Ausmaßes. In diesem Sinne ist das Gedicht gleichzeitig auch ein Gegenentwurf zu jenem Genre expressionistischer Eisenbahn-Lyrik, „in der sich Begeisterung über technische Innovation artikuliert".[29] Bei Brecht markieren die vor exotischer Kulisse verlegten Eisenbahnschienen nicht Aufbruch, nicht den Weg in eine hoffnungsfrohe Zukunft. Der „verlorene Posten", auf dem die Männer stehen, ist ihre „Endstation": Hoffnungslosigkeit und Tod.

> Die Männer von Fort Donald – hohé!
> Werden jetzt wachen und singen, bis sie ersoffen sind.
> Doch das Wasser ist höher als sie bis zur Früh und
> lauter als sie der Eriewind schrie […] Früh wachte
> nur noch das Wasser und nur noch der Eriewind.[30]

Brecht konstruiert zwar einen fast biblisch anmutenden Tun-Ergehen-Zusammenhang, er analysiert aber lediglich Gesetzmäßigkeiten menschlichen Miteinanders und enthält sich der Belehrung. Die Männer kommen um, weil sie sich in kriegerischer Mission in Feindesland begaben. Die daraus resultierende Einsicht ist banal: Besser wäre es, sich fernzuhalten von allen Konflikten, die der Krieg im Speziellen, und die menschliche Existenz im Allgemeinen mit sich bringen. Doch hätten sie sich verweigern, sich dem Befehl widersetzen können? Wäre dies ihnen als Frontsoldaten in Befehlsstand, als angehender Offizier, als Arbeiter, der beim amerikanischen Eisenbahnbau Anstellung fand, möglich gewesen, ohne in andere existenzielle Nöte zu geraten? Dies sind Fragen, die sich sehr wohl stellen, jedoch in ästhetisch ansprechender Schwebe bleiben.

Der „besoff'ne Aff'": Legende vom toten Soldaten
Mit der nach April 1917 entstandenen *Legende vom toten Soldaten*, der bereits seinen „Heldentod" hinter sich hat, aber wieder ausgegraben wird, um erneut der Front zugeführt zu werden und wieder auf seinem „verlorenen Posten" zu stehen, schließt Brecht an das Thema einer möglichen Verweigerung an. Das Gedicht parodiert die Tatsache, dass gegen Ende des Krieges zunehmend Männer, die jünger als achtzehn und älter als fünfzig Jahre alt waren, rekrutiert wurden, weil dem Kaiser und seinen Feldherren allmählich die Soldaten ausgegangen waren.[31] Dies steigert Brecht zu einem virtuos-grotesken Szenario, das als Allegorie auf die wilhelminische Gesellschaft und Außenpolitik und das Grauen des Weltkrieges zu lesen ist. Gleichzeitig stellt das Gedicht einen Gegenentwurf zur klassischen Heiligen- und Heldenlegenden dar.[32] Die Legende wird erneut ihrer traditionellen Funktion realitätsferner Heldenverehrung entkleidet. Keine überhöhte Gestalt aus der Geschichte ersteht aus ihrem Grab, um neuerliche große Taten zu begehen. Der wortwörtlich „vorgeführte" gefallene deutsche Soldat ist kein aus sich heraus entscheidendes und handelndes Individuum, sondern er wird von der Propaganda zu einem solchen gemacht und fokussiert damit die Eigenschaften, die die noch lebenden und kämpfenden Frontsoldaten bestimmen. Ihr Heldentum ist rhetorischer Natur, künstlich gemacht von deutscher Kriegspolitik (vgl. Kat.-Nr. 4, 8). Tatsächlich sind sie Opfer, Marionetten von gesellschaftlichen Kräften, die im Gedicht genau benannt, personalisiert sind: So Kaiser Wilhelm II. (Kat.-Nr. 2), der „Pfaff" als Repräsentant des Klerus, der nicht selten eher kriegstreibend agierte, als dass er die christliche Friedensbotschaft unters Volk gebracht hätte. Ein Pfaff schwingt das Weihrauchfass und kaschiert damit die Realität der Verwesung. Der Reigen wird fortgesetzt von Ärzten und Sanitätern, die sich durch ihren „k.v.-Befund", was „kriegsverwendungsfähig" bedeutet, als Büttel der Politik zu erkennen geben, und den „Herrn im Frack", Repräsentant gehobenen Bürgertums und finanziellen Wohlstands, der den Zug komplettiert. All diese missbrauchen die Leiche, die Sinnbild ist für den deutschen Soldaten, dessen Leid und Opfer, das er bereits erbracht hatte, noch nicht genügt. Ist des Ausgegrabenen Torkeln und Hin- und Hergezerrtwerden dessen Leblosigkeit geschuldet –

> So zogen sie mit Tschindrara
> Hinab die dunkle Chaussee
> Und der Soldat zog taumelnd mit
> Wie im Sturm die Flocke Schnee –,[33]

so ist sein Spiegelbild, das auf den noch lebendigen Frontsoldaten fällt, eindeutig. Er erscheint wie „ein besoffner Aff'",³⁴ nicht mutig und verwegen, sondern armselig, manipuliert und hilflos in seiner leidvollen Situation. Auf der einen Seite ist er Opfer, auf der anderen eine lächerliche Figur, die tut, was man ihr sagt (vgl. Kat.-Nr. 15, 17, 22); ausschließlich bedauernswert also ist er nicht. Vor diesem Hintergrund ist nicht nur Kurt Tucholsky Recht zu geben, der enthusiastisch feierte, niemandem habe es dem Preußentum so gegeben wie Brecht mit seiner *Legende vom toten Soldaten*³⁵ – und dann auch den nationalsozialistischen Machthabern.³⁶ Sie begründeten mit Hinweis auf dieses Gedicht Brechts Ausbürgerung 1935 u.a. damit, dass er das Andenken an den deutschen Frontsoldaten herabgewürdigt habe. Genau dies tat er mit der *Legende* in unnachahmlicher Weise.

Um an einem eindringlichen Beispiel zu konkretisieren, was gemeint ist, wenn man von Brechts frühzeitig ausgeprägter Ästhetik der Materialverwertung spricht: Der „besoffne Aff", mit dem der – hier katholische – „Pfaff" wohl nicht ohne Hintergedanken in einen Reim gezwungen wird, ist als Motiv der Tradition, genauer gesagt, der damals neueren Musikgeschichte, entlehnt. Er stammt aus Gustav Mahlers großem symphonischen Liederzyklus *Das Lied der Erde* nach Texten von Hans Bethge. Mahler komponierte das Werk 1907/1908 unter dem Eindruck des Todes der Tochter und der eigenen Herzkrankheit, die wenige Jahre später zum Tode führen sollte. Bethges Texte veränderte Mahler leicht. Nicht zuletzt ist es auch ein Stimmungsbild der Gesellschaft, fast am „Vorabend des Ersten Weltkrieges". Uraufgeführt wurde *Das Lied von der Erde* am 20. November 1911 in der Münchener Tonhalle unter der Leitung Bruno Walters. Im ersten Lied mit dem Titel *Das Trinklied vom Jammer der Erde,* in dem die Szenerie alkoholisierten melancholischen Reflektierens über das Wesen der Dinge titelgebend ist, sitzt des nachts auf dem Friedhof eine mondbeschienene menschenähnliche Gestalt, ein heulender Affe, auf den Gräbern, als Spiegelbild des Menschen groteskes Sinnbild für die Absurdität des Lebens und der Welt. Auch wenn der Affe in der Literatur immer wieder präsent ist, von Wilhelm Hauff³⁷ bis Franz Kafka,³⁸ sind dies doch derart spezifische eindeutige Parallelen zu Brechts *Legende*, zum „toten Soldaten", dem man „feurigen Schnaps in den verwesten Leib"³⁹ goss, und dessen Exhumierung sich auch im Mondlicht vollzieht,⁴⁰ dass sie kaum dem Zufall oder einer anderen Vorlage geschuldet sein können.

Brecht denkt das Motiv allerdings weiter: Der „Aff" ist nicht mehr Außenstehender, der durch sein Geheul das menschliche Leben beklagend kommentiert, sondern der Mensch selbst wird nun, vor der Kulisse des Ersten Weltkrieges, zum Affen, nun allerdings in der Form einer manipulierten Kreatur, die nicht mehr Herr ihrer Sinne ist. In anderer Konnotation wird das Motiv des „besoffenen Affen" in Brechts Werk wiederkehren, im *Hauspostillen*-Gedicht *Morgendliche Rede an den Baum Green*,⁴¹ aber auch wenige Jahre später in einem weiteren Krieg, in dem des Dschungels der Großstadt: Im Drama *Im Dickicht der Städte* ist es ein Pavian, der als Zuhälter den sog. „metaphysischen Zweikampf" der beiden Protagonisten Shlink und Garga bisweilen flankiert.⁴²

Eine Frage ist noch zu klären: Hat Brecht das Motiv des Affen tatsächlich aus Mahlers Liederzyklus und nicht vielleicht doch direkt vom Autor des Texts, von Hans Bethge? Immerhin sollte dessen Nachdichtung orientalischer Stoffe, *Die chinesische Flöte*, die 1907 erschienen war und ja auch Mahler inspirierte, eine Gesamtauflage von 100.000 Exemplaren erreichen. Doch obwohl der junge Brecht ein Vielleser war, der sich sehr bewusst auch zeitgenössischer Literatur zuwandte: Über eine Beschäftigung mit Bethges Gedichtsammlung ist zumindest nichts bekannt.[43] Sehr wohl aber war er mit Mahlers sehr komplexem, pentatonischen Werk vertraut, mit dem er sich mitten im Krieg, der gerade an allen Fronten tobte, offenbar intensiver beschäftigt hatte: Im August 1915 unternahm er gemeinsam mit seinem Freund Fritz Gehweyer eine mehrwöchige Reise ins Bregenzer Land, von der er zwei Postkarten nach Augsburg an seinen Freund Max Hohenester schrieb. Hier berichtet er in aller Unbescheidenheit und nicht unpathetisch über eigene literarische Pläne: „Ich gedenke, einen Zyklus von Gedichten zu schreiben: *Das Fest d. Erde*".[44] Mit diesem ins Auge gefassten Titel – eine entsprechende Sammlung sollte nie zustande kommen – bewegt sich Brecht derart nahe an Mahlers symphonischem Liederzyklus, nicht allzu lange vor der Entstehung der *Legende vom toten Soldaten*, dass auch hier ein Zufall ausgeschlossen scheint.[45] So wurde ein wohl letztlich über Mahler vermitteltes Motiv zu einem der markantesten in Brechts Kriegslyrik.

Zurück zu Brechts *Legende vom toten Soldaten*: Sie endet:

> Die Sterne sind nicht immer da.
> Es kommt ein Morgenrot.
> Doch der Soldat, so wie er's gelernt
> Zieht in den Heldentod.[46]

Dieser Schluss erweist die *Legende* als Rundgesang, was nicht zuletzt auch ihre erste moritatenartige Vertonung, die von Brecht selbst stammt, nahelegt. Die

> „Musik soll den circulus vitiosus des Textes massiv unterstützen: Der Krieg, der ohnehin schon verloren ist, wird mit grotesken und unmenschlichen Mitteln noch einmal begonnen – mit Wiederholung der Kriegsbegeisterung, die zum fiktiven Zeitpunkt des Gedichts längst anachronistisch war; die Musik funktioniert so als implizite Warnung davor, dass es ständig so weitergeht".[47]

Das Reimpaar „Morgenrot – Heldentod" verdeutlicht dies: Der „tote Soldat" wird seiner zweiten Verwertung entgegengeführt, abermals wird er „fallen", abermals wird das, was von ihm übrig sein wird, beerdigt, abermals wird er ausgegraben und wiederverwendet: „Morgenrot" und „Heldentod" werden alternieren. Dies beschreibt jener circulus vitiosus, dem kaum zu entrinnen ist, solange es auf der einen Seite entsprechende gesellschaftliche Machtstrukturen und auf der anderen „Soldaten", „Affen" gibt, die ihnen widerspruchslos obliegen.

Das Gedicht erreichte in kurzer Zeit größten Bekanntheitsgrad, es war fester Bestandteil der Kabarettprogramme der Weimarer Republik und soll dazu geführt haben, dass Brecht bereits in den frühen zwanziger Jahren auf einer Liste der Nationalsozialisten gestanden habe, die Personen aufführte, die nach der „Machtübernahme" zu inhaftieren seien. 1929 wurde das Gedicht nochmals von Kurt Weill, 1960 von Hanns Eisler vertont.

Mit der *Legende vom toten Soldaten* erweist sich Brecht jedoch keineswegs ausschließlich als Kriegskritiker, den die konkrete politische Lage dazu veranlasste, zur Feder zu greifen, um aus moralischem Idealismus gegen den Wilhelminismus anzuschreiben. Ihr Anstoß liegt, wenngleich im Elend des Kriegs begründet, in seinem engsten persönlichen Umfeld. Brecht selbst weist den Weg zu dieser „Augsburger Schicht" des Texts: Die *Legende vom toten Soldaten* wurde erstmals 1922, im Anhang von *Trommeln in der Nacht*, gedruckt. Sie ist, so Brecht, zum „Gedächtnis des Infanteristen Christian Grumbeis", der, am 11. April 1897 geboren, „in der Karwoche 1918" gefallen sei,[48] geschrieben. Damit stellt er explizit einen Bezug zur Passion her. Jener 11. April 1897 ist exakt das Geburtsdatum Caspar Nehers, des engsten Freundes Brechts, der nach freiwilliger Meldung von Juni 1915 bis November 1918 Kriegsdienst leistete. An insgesamt 32 Kampfeinsätzen war Neher beteiligt, Brecht schrieb ihm regelmäßig an die Front, alleine zwischen August 1917 und August 1918 26 Briefe, in denen er seinem Freund nahelegt, sich, wenn möglich, vor weiteren Einsätzen zu „drücken". Anders ausgedrückt: Er forderte ihn im Juli 1918 zur indirekten „Fahnenflucht" auf:

„Du bist (vielleicht) ein Trottel […] Du bist an allem schuld, was über Dich kommt […] Warum tust Du nicht alles, um loszukommen? Skandal! […] Himmelherrgottsackerment, laß doch nicht alles mit Dir anfangen".[49]

Der die *Legende* prägende Vorfall hatte sich bereits am 14. April 1917, der dem „terminus post quem" des Gedichts entspricht, ereignet: Neher wurde bei einem Fronteinsatz verschüttet, erlitt Verletzungen und einen Schock, konnte jedoch gerettet werden. In den Bildern der *Legende* ausgedrückt, heißt dies nichts anderes, als dass Neher begraben war, bereits sein „Soldatengrab" hatte und wieder aus ihm hervorgeholt wurde, um erneut an die Front geschickt zu werden. Denn genau dies passierte Neher: Nach kurzem Genesungsurlaub zuhause hatte der schwer Traumatisierte abermals Kriegsdienst zu leisten, was er bereitwillig – für Brecht viel zu willfährig – tat. Es war nicht einmal Alkohol nötig, den man Neher verabreichen musste, um ihn zum „Affen" zu machen.

Damit fügt sich die *Legende vom toten Soldaten* in die Reihe der Briefe, die Brecht an Neher schrieb: Sie ist literarische Warnung, Aufforderung den circulus vitiosus nach Möglichkeit zu unterbrechen, sich dem realen Heldentod zu entziehen. Ihr Anstoß ist das Schicksal des Freundes, Brechts Furcht vor dessen Verlust. Den „kleinen", ihn jedoch selbst betreffenden Fall erhebt er auf eine allgemeine Ebene, transponiert ihn zur poetischen Analyse des wilhelminischen Kriegswahns. Dennoch war der erste „Adressat" des Gedichts „Trottel" Neher an der Front, der sich im „toten Soldaten", jenem manipulierten „Affen", wiedererkennen soll; sein erstes „Publikum" Brechts Augsburger Freundeskreis, der um diese Zusammenhänge wusste. Das individuelle Schicksal und das Aufzeigen allgemeiner gesellschaftlicher Machtstrukturen, die in Kriegssituationen eskalieren, waren erster Impuls des Gedichts, nicht etwa eine früher „linker" gesellschaftskritischer Impetus des jungen Autors.

Deshalb ist die *Legende vom toten Soldaten* von Beginn an ambivalent, variabel. Dies zeigt ihre Integration in *Trommeln in der Nacht*. 1935 weist Brecht selbst auf die Bedeutung der musikalischen Einschübe in seinen frühen Dramen.[50] Der Effekt dieses Einschubs wird in *Trommeln in der Nacht* verdoppelt, indem für die *Legende*, hier unter dem Titel *Ballade vom toten Soldaten*, ein eigener Anhang geschaffen wird, der sie, durch den Bezug zu jenem Grumbeis, erläutert, kommentiert. Auch wird sie an zentraler Stelle des Dramas gemäß Regieanweisung vorgetragen, von Kneipenwirt Glubb, der Kragler für die Sache der Räterevolutionäre gewinnen will.[51] Glubb geriet übrigens in die Reihe der Revolutionäre, weil er selbst in der bürgerlichen Gesellschaft gescheitert und kriminell geworden war. Nun, in seiner Kneipe, führt er Reden mit großen Parolen, ohne selbst etwas zu riskieren.

Kragler aber erscheint im Drama als Fortentwicklung, aber auch Gegenentwurf des „toten Soldaten" als auch Nehers. Der Kriegsheimkehrer verweigert sich zugunsten eigener, „schnöde" erscheinender Interessen, der Reintegration in die bürgerliche Gesellschaft und finanzieller Absicherung, die ihm der florierende Betrieb seines künftigen Schwiegervaters verheißt. Seine Braut Anna, die sich in seiner Abwesenheit von einem anderen schwängern ließ, und das erwartete Kind nimmt er dafür gerne in Kauf. Glubb will mit der *Legende*, die für ihn aufrüttelnde Analyse der deutschen Kriegspolitik ist, Kragler dazu verleiten, durch erneuten Einsatz seinen Beitrag zu leisten, dass die gesellschaftlichen Kräfte, die auch ihn in den Krieg zwangen, vollends hinweggefegt werden. Doch Glubb entlarvt sich durch den Vortrag der *Legende* als den Repräsentanten des Wilhelminismus ähnliche, freilich neu gewandete Figur, die andere für ihre Zwecke an die Front schickt ohne selbst für irgendetwas einzustehen.

Kragler allerdings zieht sich mit seiner Braut in deren „großes, weißes, breites Bett"[52] zurück, denn er versteht die Ballade richtig, aufgrund einer Variablen, die dem Text jedoch im Kontext des Dramas Eindeutigkeit verleiht: Die Zeitangabe in der ersten Strophe, im Drama wie in den späteren Drucken, auch in dem der *Hauspostille*, „im fünften Lenz" des Krieges, diente früher dazu, den Bezug des Gedichtes in unnachvollziehbarer Weise auf die Frühjahrsoffensive 1918 zu fixieren.[53] „Lenz" wurde hier traditionellerweise mit „Jahr" identifiziert; falsch ist eine darauf basierende Zählung dennoch, weil diese Offensive nicht im fünften, sondern im vierten Kriegsjahr stattfand. Dies ist äußerst simpel herleitbar: Das fünfte Jahr, gezählt ab dem August 1914, dem Kriegsbeginn, wäre demnach 1919, und der fünfte Lenz das Frühjahr 1919. Nimmt man Brechts eindeutige Zeitangabe ernst –

Und als der Krieg im fünften Lenz
Keinen Ausblick auf Frieden bot,[54]

so bedeutet die Aussage, dass im Frühjahr 1919 noch Krieg gewesen sei. Genau in diesem Frühjahr, Anfang April, waren die bayerischen Räteaufstände, nichts anderes mithin als der konkrete historische Hintergrund von *Trommeln in der Nacht*. Die Zählung der „Lenze" im Gedicht ist leicht zu variieren, die *Legende* situationsbedingt anpassbar; es ist naheliegend, dass Brecht die Strophe zuvor mit „viertem" oder gar „drittem" Lenz gesungen hat – Neher wurde im Frühjahr 1917 verschüttet. Jener „fünfte Lenz" im Anhang zu *Trommeln in der Nacht* jedoch konnotiert in diesem Beziehungsgeflecht eindeutig eine Identität zwischen Krieg bzw. Kriegszustand und der Räterevolution. Die Zustände gleichen sich, lediglich deren politische „Einkleidung" ist verschieden. So wie durch die Integration der *Legende* Neher und Kragler in weiten Bereichen identisch erscheinen, wird der Räteaufstand mit dem Ersten Weltkrieg gleich- und der *Legende* implizierten Kritik an diesem ausgesetzt. Mit anderen Worten: Einmal abgesehen davon, dass Brecht durch Kragler anrät, sich als Individuum grundsätzlich politischen Vereinnahmungen gegenüber zu verwehren, hält er 1922 der „linken" Räterevolution durch diese Gleichsetzung nicht einmal ehrenvollere Ideale und Ziele als der wilhelminischen Kriegspolitik zugute.[55]

Schnittstelle zwischen Kriegsende und Weimarer Republik:
Brecht als sehr eigener Militärkrankenwärter

Wenden wir uns zum Schluss vom literarischen Werk Brechts ab, um einen Blick auf eine ernste, aber auch anekdotenhafte Episode seines Lebens zu werfen. Sie vollzog sich unter dem durchaus drohenden Damoklesschwert eines möglichen eigenen Einsatzes an der Front. Gegen Ende des ersten Semesters – Brecht hatte an der Universität München das Fach Medizin belegt, um möglicherweise eben nicht an der Front, sondern nur in Lazaretten eingesetzt zu werden – am 14. Januar 1918, wurde er gemustert und als „k.v.", „kriegsverwendungsfähig" wie der „tote Soldat", erachtet. Damit war klar, dass er mit einer Einberufung zu rechnen hatte. Sein Vater, der sich nicht selten über das Gebaren seines Sohnes, den er gelegentlich ein wenig abfällig „seinen Dichterling" genannt hatte, wunderte, war ihm, so gut es ging, in dieser Situation behilflich. Dazu nutzte er die Verbindungen, die er – inzwischen war er zum Kaufmännischen Direktor der Haindl'schen Papierfabriken aufgestiegen – als angesehener Augsburger Bürger hatte. Am 1. Mai 1918 richtete er an den Zivilvorsitzenden des Stadtmagistrats Augsburg für seinen Sohn ein „Gesuch um Beurlaubung", damit er das Studium fortsetzen könne. Außerdem lag dem Antrag ein Attest bei, das Brecht eine Herzerkrankung bescheinigte. Zwei Wochen später erhielt er die Nachricht, dass er bis zum 15. August 1918 zurückgestellt werde.[56] Der unterzeichnende Zivilvorsitzende der Ersatzkommission war niemand anderes als Kaspar Deutschenbaur. Dies ist der spätere Oberbürgermeister Augsburgs, den Brechts Vater aus der „Augsburger Liedertafel" kannte, jenem renommierten Männergesangverein, dessen Mitglieder in der Regel Repräsentanten des höheren Augsburger Bürgertums waren.

Ein zweites Rückstellungsgesuch des Vaters wurde jedoch am 15. August 1918 abgelehnt; am 1. Oktober 1918, einem Dienstag, meldete Brecht sich bei der Verwaltung der Münchener Universität zum Militärdienst ab. Hedda Kuhn, einer seiner Geliebten dieser Zeit, schrieb er auf einem Zettel: „Ich kann nicht kommen. Ich werde am Dienstag begraben. Bert Brecht."[57]

Brechts Zeit als Militärkrankenwärter dauerte vom 1. Oktober 1918 bis 9. Januar 1919. Die ersten drei Wochen des Oktobers 1918 leistete er seinen Dienst im Reservelazarett B in der Schillerschule in Augsburg-Oberhausen (vgl. Kat.-Nr 42), in dem auch sein Militärpass (Kat.-Nr. 47) ausgestellt wurde und man ihm Waffenrock, Hose, Unterhose, Mütze, Halsbinde, Hemd und ein Paar Stiefel aushändigte.[58] In das Lazarett wurden Schwerverwundete über eine nahe Bahnlinie gebracht. Brecht durfte zwar die Nächte zuhause verbringen, doch er musste bei Operationen zugegen sein und assistieren; er sah das Leid des Kriegs und den Tod nun unmittelbar vor sich und schrieb in dieser Zeit zwei sehr nachdenkliche Briefe an seinen Bruder Walter.[59] Jener „tote Soldat", der „besoffne Aff", dem Brecht mit größter Wahrscheinlichkeit bereits zuvor sein poetisches Leben verliehen hatte, gewann hier tatsächlich reale Gestalt. Nie zuvor und niemals später, auch im Zweiten Weltkrieg nicht, war Brecht dem Kriegsleid derart direkt ausgesetzt.

Doch dann konnte abermals eine Bekanntschaft der Familie Schlimmeres verhindern. Medizinalrat Dr. Raff, der in der Nähe des Stadttheaters eine Privatklinik unterhielt und im Krieg im Augsburger Reservelazarett D, das in der Elias Holl-Schule untergebracht war, arbeitete, sorgte offenbar dafür, dass Brecht wenige Tage vor Kriegsende endgültig vom Waffendienst freigestellt wurde. Er konnte bei Raff im Lazarett als Sanitätssoldat Dienst tun und damit in Augsburg bleiben. Brecht erinnert sich:

„Ich hatte es, durch Glück begünstigt, verstanden, meine militärische Ausbildung zu verhindern, nach einem halben Jahr beherrschte ich noch nicht einmal das Grüßen und war selbst für die damals schon gelockerten militärischen Verhältnise zu schlapp."[60]

Eingesetzt wurde Brecht nun in der „Abteilung D", in der unter anderem Geschlechtskrankheiten behandelt wurden. Hierauf bezieht sich das süffisante Gedicht *Lied an die Kavaliere der Station D* vom November 1918. Brecht konnte nichts mehr passieren. Mag er auch hier noch mit der Realität von Krankheit und vielleicht auch Tod konfrontiert gewesen sein – sie kümmerte ihn nicht mehr. Er führte sich, schon seinem äußeren Erscheinungsbild nach, eher als skurrile Künstlerfigur, als Außenseiter, denn als Dienstpflichtiger auf. Auch in diesem Falle scheinen „Dichtung und Wahrheit" zu einer Einheit verschmolzen zu sein. Das expressive Gebaren des Freundeskreises verlegte er in das wirkliche Leben. Brechts Arbeit im Reservelazarett in der Elias Holl-Schule glich eher einem Auftritt in einem Theaterstück, dessen Protagonist er war, als der Pflichterfüllung eines Krankenpflegers; alles um ihn herum wurde zum Bühnenbild, zur Theaterausstattung, einschließlich der Staffage von Ärzten und Kranken. Auch seine Arbeit als Krankenwärter nahm er nicht besonders ernst, Brecht führte sich eher als Kollege der Ärzte denn als Dienstleistender auf. Seine Kleidung war keine Uniform, sondern das Kostüm einer Figur, die gerade einer Komödie entsprungen schien. Auch ein Freund erzählt, dass seine Kleidung kaum der Ausstattung entsprach, die ihm im Reservelazarett B in Augsburg-Oberhausen zu Beginn seiner Dienstzeit ausgehändigt und in seinem Militärpass aufgelistet worden war:

„Ich sah ihn herumspazieren, die Hände in die Hosentaschen vergraben, damit hielt er die Hosen hochgezogen, dazu hatte er gelbe Halbschuhe an, manchmal war er ohne Jacke, nur mit einem Pullover bekleidet, meist ohne Kopfbedeckung, oder er hatte eine Art Reitgerte in der Hand, natürlich war er immer ohne Koppel, er war mehr Zivilist als Soldat. Ich habe mich wiederholt gefragt, wo Brecht den Mut hernahm, sich in einem derart unmöglichen Aufzug in der Öffentlichkeit zu zeigen […]

Dem schnauzbärtigen Spieß versetzte es jedes Mal einen Stich, wenn Sanitätssoldat Brecht in gelben Halbschuhen durch die Lazarettpforte schlenderte. Als er eines Tages gar mit einem Spazierstöckchen einlief, sah der Mann mit zwölf Jahren im Heer die Säulen der Weltordnung wanken."[61]

Brecht machte sich also, um dieses Motiv wiederaufzunehmen und abzuschließen, bis hin zur Kleidung bewusst zum „Affen", zu einem solchen, der wieder näher an dem aus Gustav Mahlers *Trinklied vom Jammer der Erde* ist und der durch seine spezielle Art des Theaterspiels im Gewande eines Harlekins oder einer Buffa-Figur, als Außenstehender auf die Absurdität des Krieges deutet. Auch der Tenor tritt in diesem ersten Lied des Mahler-Zyklus, das ihm im Übrigen Höchstleistungen abverlangt, als Narr auf. Brecht tut dies im Lazarett als eine Art Vexier- oder Zerrbild des Menschen, ihm ähnlich doch gleichzeitig andersartig. Dass sein Episches Theater längst vor seiner Beschäftigung mit dem Marxismus bereits weit entwickelt war, ist heute kein Geheimnis mehr, denkt man etwa an die Komödie *Trommeln in der Nacht*. Auch dieses distanzierende Zeigen nicht zuletzt auf gesellschaftliche Mechanismen, die der Krieg gezeitigt hatte, kann als solcher V-Effekt gelten, angewandt im Kriegsalltag und entsprechend der praktischen Dimension zeitgemäßen Theaters, die Brechts Theorie später einfordern sollte.

Dass Brecht sich dies alles erlauben konnte und ihm im Nachhinein auch noch ein gutes Zeugnis ausgestellt wurde, ist ebenfalls eindeutig auf die Bekanntschaft seiner Familie mit dem Medizinalrat zurückzuführen. Nur einmal schritt dieser ein, sehr zurückhaltend allerdings: Brecht, der offenbar keine Lust hatte, Dienst zu tun, meldete sich nicht persönlich beim Stabsarzt ab, sondern schickte dazu das Dienstmädchen seiner Eltern. Daraufhin rief Dr. Raff, ein wenig ungehalten ob solcherart Untergrabung seiner Autorität, bei Brechts Vater an, um sich derartiges zu verbitten.[62]

Brecht selbst war also letztlich nicht nur glimpflich, sondern gut durch den Krieg gekommen und nun auf das Gleis eines der bedeutendsten Autoren des 20. Jahrhunderts gesetzt.

Fazit: Vögeln statt kämpfen!
Wir erkennen also: Brechts Weg durch den Ersten Weltkrieg ist durch eine Entwicklung oder besser: einen Erkenntnisprozess geprägt, der – das mag zunächst merkwürdig erscheinen – auf Konstanten beruht. Er war nämlich nie Opfer des sog. „Augusterlebnisses", der nationalen Euphorie nach Kriegsausbruch, wie viele seiner berühmten älteren „Kollegen", allen voran Thomas Mann. Literarische Bühne war ihm der Krieg, auf der zu spielen ihm, gemessen an seinem Lebensalter, eindrucksvoll gelang. Dazu gehörte von vornherein eine Distanz dem tagespolitischen Geschehen gegenüber, die er sich strikt bewahrte; im Grunde genommen bis hin zu seiner Zeit in der DDR. Eine gewisse Neutralität dem Krieg gegenüber, der ihm Material für seine

Beiträge bot, wandelte sich jedoch angesichts des Leids, das sich auch ihm in Augsburg mitteilte, sehr frühzeitig zu Ablehnung, bis später hin zum Ekel, den er für das Kriegsgrauen empfand. Dies verdeutlicht sich unter anderem durch die sich wandelnden Heldendarstellungen, die immer pessimistischer bzw. fatalistischer wurden, bis sie im grotesken „toten Soldaten" einen ihrer Höhepunkte finden sollten. Seinen Spaß, dies alles auch literarisch zu verwerten und darzustellen, verlor er dabei nicht.

Das sollte Brecht prägen, bis weit über den Krieg hinaus; wir sahen es durch den kurzen Blick auf die Komödie *Trommeln in der Nacht*, die den Soldaten vor revolutionärem Hintergrund in der Person Kraglers erstehen und ihn, als er in die gewaltsamen Auseinandersetzungen des Räteaufstands gepresst werden soll, endlich nach Hause gehen lässt: „Schmeißt Steine auf mich, hier stehe ich [...,] aber den Hals hinhalten ans Messer, das will ich nicht."[63] Anders ausgedrückt: Veteran Kragler wendet sich den Dingen zu, die wirklich zählen: Geld und Sex. Dem Krieg, gleich wer ihn führt, sollte sich das Individuum enthalten, dass es nicht unter die Räder von Religion oder Ideologie gerate. Dies sollte ein gutes Jahrzehnt nach dem Ersten Weltkrieg der jesusgleiche „junge Genosse" aus dem Lehrstück *Die Maßnahme* erfahren, der von der kommunistischen Doktrin zermalmt wird. Auch in dieser Figur – weitere sollten folgen – wirkten Brechts Erfahrungen des Ersten Weltkrieges nach.

Zum Autor:
Dr. habil. Jürgen Hillesheim, Leiter der Brechtforschungsstätte Augsburg, PD der Universität Augsburg, Professor h.c. der Staatl. Universität Zhytomyr, UA.

ANMERKUNGEN

1 GBA, Bd. 26, S. 98.
2 Vgl. Frisch/Obermeier 1975, Foto Nr. 35.
3 Vgl. Gier 1999, S. 39–51, hier S. 42 f.; Speirs 2006, S. 55.
4 Vgl. Knopf 2002, S. 25; Hillesheim 2011, S. 191–248.
5 GBA, Bd. 21, S. 7.
6 GBA, Bd. 21, S. 7.
7 GBA, Bd. 21, S. 7.
8 Knopf 2002, S. 25.
9 GBA, Bd. 21, S. 7.
10 Knopf 2002, S. 25.
11 Vgl. GBA, Bd. 21, S. 7.
12 Augsburger Neueste Nachrichten, 6. August 1914, S. 5–6.
13 GBA, Bd. 13, S. 76.
14 Vgl. hierzu ausführlich: Hillesheim 2006b.
15 GBA, Bd. 13, S. 73–74.
16 GBA, Bd. 13, S. 74.
17 GBA, Bd. 13, S. 74.
18 So Ecker 1993, S. 293.
19 Vgl. GBA, Bd. 21, S. 7–9.
20 Vgl. hierzu ausführlich: Emmendörffer/Hillesheim 2014.
21 Vgl. hierzu: Frisch/Obermeier 1975, S. 87–90.
22 Vgl. GBA, Bd. 11, S. 80–82.
23 Vgl. Krabiel 2001, S. 27–28.
24 GBA, Bd. 11, S. 82.
25 Schuhmann 1971, S. 37.
26 Vgl. Krabiel 2001, S. 27.
27 Vgl. Seliger 1974, S. 10.
28 Pietzcker 1974, S. 213, spricht, freilich vor dem Hintergrund seiner These, dass es sich um ein Beispiel für Brechts anarchisch-nihilistische Dichtung handle, von „Lyrik des Untergangs voll Angst, Verzweiflung und Lust".

29 Anz 2002, S. 117.
30 GBA, Bd. 11, S. 83.
31 Vgl. GBA, Bd. 11, S. 322.
32 Vgl. Schuhmann 1995, S. 20.
33 GBA, Bd. 11, S. 114.
34 GBA, Bd. 11, S. 114.
35 Vgl. Tucholsky 1961, S. 1064.
36 Schoeps 2001, S. 56.
37 Vgl. hierzu Neuhaus 2002.
38 Vgl. hierzu Butter/Jacob 2008, S. 8–9.
39 GBA, Bd. 11, S. 113.
40 Vgl. GBA, Bd. 11, S. 113.
41 Vgl. GBA., Bd. 11, S. 55.
42 Vgl. GBA, Bd. 1, z.B. S. 350–353.
43 Brecht begegnet dem Werk Hans Bethges erst 1952 und auch hier nur sehr indirekt; vgl. hierzu: GBA, Bd. 30, S. 542.
44 Hillesheim 2006a, S. 199.
45 Vgl. hierzu Hillesheim/Wizisla 2001, S. 8.
46 GBA, Bd. 11, S. 115.
47 Schoeps 2001, S. 55.
48 GBA, Bd. 1, S. 232.
49 GBA, Bd. 28, S. 60.
50 Vgl. GBA, Bd. 22, S. 156.
51 Vgl. GBA, Bd. 1, S. 211.
52 Vgl. GBA, Bd. 1, S. 229.
53 Vgl. GBA, Bd. 11, S. 322; Schuhmann 1995, S. 20, schreibt diesbezüglich, jener „fünfte Lenz" „gibt das Alter des Kriegs zu erkennen", doch der Widerspruch bleibt: es müsste entweder „vierter Lenz" heißen oder Brecht deutet auf das Frühjahr 1919.
54 GBA, Bd. 1, S. 230; GBA, Bd. 11, S. 112.
55 Vgl. Hillesheim 2011, S. 383.
56 Vgl. Frisch/Obermeier 1975, S. 137–138.
57 Zitiert nach Frisch/Obermeier 1975, S. 139.
58 Vgl. hierzu ausführlich Hillesheim 2013.
59 Vgl. GBA, Bd. 28, S. 67–69.
60 GBA, Bd. 21, S. 250–251.
61 Zitiert nach Frisch/Obermeier 1975, S. 140–141.
62 Vgl. Frisch/Obermeier 1975, S. 141.
63 GBA, Bd. 1, S. 225.

VERLAG UND MEDAILLEURE

Robert Ball Nachfolger
Hugo Grünthal (1869–1943) war Numismatiker und Eigentümer der Berliner Münzhandlung Robert Ball Nachfolger, die ihren Sitz in der Wilhelmstraße 46–47 hatte. Sie zählte zu den produktivsten Unternehmen in der Herstellung von Medaillen. Für die Firma arbeiteten vor allem Berliner Bildhauer und Medailleure, so auch die nachfolgend aufgeführten Künstler. Grünthals Sohn Henry wurde später Kurator an der American Numismatic Society.

Franz Eue
Graveur, tätig im Medaillenverlag Robert Ball Nachf., Berlin, und L. Chr. Lauer, Nürnberg. Lebte um 1927 in Südamerika. In den 1930er-Jahren war er für die Medallic Art Company, USA, tätig.

Arthur L. Galambos (1883–?)
Schüler von Josef Tautenhayn und Rudolf Marschall in Wien, Galambos arbeitete u. a. für die Prägeanstalten AWES-Münze in Berlin und L. Chr. Lauer, Nürnberg.

E. Greier
Belegt durch Medaillen zum Ersten Weltkrieg.

Hugo Kaufmann (1869–1919)
Bildhauer und Medailleur, Ausbildung in Hanau, Frankfurt/Main und München, tätig in Berlin und München.

Rudolf Küchler (1867–1954)
Österreichischer Bildhauer und Medailleur, studierte an der Wiener Akademie und war anschließend in Berlin tätig, fertigte zwischen 1914 und 1917 im Auftrag von Julius Menadier und den von ihm ins Leben gerufenen Verein der „Freunde der deutschen Schaumünze" Erinnerungsmedaillen auf den Ersten Weltkrieg.

Paul Sturm (1859–1936)
Bildhauer und Medailleur. Aufenthalte in Prag, München, Zürich, Lausanne und Lyon. 1884 Besuch der Akademie für Graphische Künste und Buchgewerbe in Leipzig. 1903 Preismedaille der Dresdner Städteausstellung. 1904 Weltausstellung in St. Louis. 1906 Verleihung des Professorentitels durch die Königlich Sächsische Regierung. 1908–1919 Medailleur an der Preußischen Staatsmünze in Berlin.

Max Ziegler (1879–1947)
Bildhauer und Medailleur in Berlin.

Angaben unter Verwendung von:
Kluge/Weisser 2014
Zetzmann 2002, S. 12–23
Steguweit 2000, S. 326–346
Künstlerdatenbank der deutschen Gesellschaft für Medaillenkunst (www.medaillenkunst.de)

LITERATURVERZEICHNIS

GBA
Bertolt Brecht: Große kommentierte Berliner und Frankfurter Ausgabe. Berlin, Weimar, Frankfurt/Main 1988–2000

Anz 2002
Thomas Anz: Literatur des Expressionismus, Stuttgart/Weimar 2002

Bannicke 2014
Elke Bannicke: Weltkriegsmedaillen. Kunst und Kommerz, in: Kluge/Weisser 2014, S. 23–31

Berthold 2014
Angela Berthold: Bilder für den Krieg. Die Verwendung von Tiermotiven auf Medaillen der Zeit des Ersten Weltkriegs, in: Kluge/Weisser 2014, S. 33–44

Butter/Jacob 2008
Günter Butter und Joachim Jacob (Hg.): Lexikon literarischer Symbole, Stuttgart/Weimar 2002

Dahmen 2014
Karsten Dahmen: „The Glorious Dead". Die Medaillen der deutschen Kriegsgegner im Ersten Weltkrieg, in: Kluge/Weisser 2014, S. 57–65

Ecker 1993
Hans-Peter Ecker: Die Legende. Kulturanthropologische Annäherung an eine literarische Gattung, Stuttgart/Weimar 1993

Emmendörffer/Hillesheim 2014
Christoph Emmendörffer und Jürgen Hillesheim: Zwischen Blumenstock und „deutscher Renaissance": Brechts Studierstube, Juni 1916, in: Dreigroschenheft 20 (2014), Heft 1, S. 3–8

Fieger 2014
Karl Fieger: Jugendstilzeit in Augsburg, Augsburg 2014

Frisch/Obermeier 1975
Werner Frisch und Kurt Walter Obermeier: Brecht in Augsburg. Erinnerungen, Dokumente, Texte, Fotos, Berlin/Weimar 1975

Gier 1999
Helmut Gier: Brecht im Ersten Weltkrieg, in: Virginia Viscotti und Paul Kroker (Hg.): 1898–1998. Poesia e Politica. Bertolt Brecht a 100 anni dalla Nascita, Mailand 1999

Grund 1989
Rainer Grund: Das Schaffen des sächsischen Medailleurs Paul Sturm während der Anstellung an der preußischen Staatsmünze in Berlin, in: Numismatische Beiträge, 22. Jahrgang, Heft 52 (1989), S. 59–61

Häußler 2004
Franz Häußler: Fotografie in Augsburg 1839 bis 1900, Augsburg 2004

Haffner 2000
Sebastian Haffner: Geschichte eines Deutschen. Die Erinnerungen 1914–1933, Stuttgart/München 2000

Hamann 2014
Brigitte Hamann: Der Erste Weltkrieg. Wahrheit und Lüge in Bildern und Texten, München/Zürich 2014

Hillesheim/Wizisla 2001
Jürgen Hillesheim und Erdmut Wizisla: „Was macht Deine Dichteritis?" Bertolt Brecht im Bregenzer Land, in: The Brecht Yearbook 28 (2001), S. 3–13

Hillesheim 2006a
Jürgen Hillesheim (Hg.): Bertolt Brecht: „Wie ich mir aus einem Roman gemerkt habe …" Früheste Dichtungen, Frankfurt/Main 2006

Hillesheim 2006b
Jürgen Hillesheim: Besonnenheit und Hass zu Beginn des Ersten Weltkriegs: Brechts Augsburger Kriegsbriefe versus Ludwig Ganghofers Eiserne Zither, in: Heinz Ludwig Arnold (Hg.): Text + Kritik. Sonderband Bertolt Brecht, 3. Aufl., Göttingen 2006, S. 100–113

Hillesheim 2011
Jürgen Hillesheim: „Instinktiv lasse ich hier Abstände …" Bertolt Brechts vormarxistisches Episches Theater, Würzburg 2011

Hillesheim 2013
Jürgen Hillesheim: Grenzsituationen. Brecht als Militärkrankenwärter, in: Dreigroschenheft 19 (2013), Hft. 1, S. 3–10

Kat. Ausst. Augsburg 2014
Helmut Gier und Jürgen Hillesheim (Hg.): Und dort im Lichte steht Bert Brecht: Rein. Sachlich. Böse. Die Schätze der Brechtsammlung der Staats- und Stadtbibliothek Augsburg, Augsburg 2014

Kat. Ausst. München 2013
Walter Cupperi u. a. (Hg): Wettstreit in Erz. Porträtmedaillen der deutschen Renaissance, Berlin/München 2013

Kat. Ball 1927
Firma Robert Ball Nchf. (Hg.): Münze und Medaille, Nr. 7, Mai 1927, Medaillen auf Privatpersonen, Katalog anlässlich ihres 40-jährigen Bestehens, Berlin 1927

Kat. Slg. Augsburg 2002
Martin Schawe: Staatsgalerie Augsburg. Altdeutsche Malerei in der Katharinenkirche. Bayerische Staatsgemäldesammlungen, München 2002

Kat. Slg. Augsburg 1988
Bayerische Staatsgemäldesammlungen (Hg.): Altdeutsche Gemälde. Katalog, bearb. von Gisela Goldberg, 3. Auflage, München 1988

Kluge/Weisser 2014
Bernd Kluge und Bernhard Weisser (Hg.): Gold gab ich für Eisen. Der Erste Weltkrieg im Medium der Medaille, Berlin 2014 (Das Kabinett. Schriftenreihe des Münzkabinetts 14)

Knopf 2002
Jan Knopf: Prosa 1913–1924, in: Jan Knopf (Hg.): Brecht-Handbuch Bd. 3, Stuttgart/Weimar 2002, S. 25–29

Krabiel 2001
Klaus-Dieter Krabiel: Das Lied von der Eisenbahntruppe vom Fort Donald, in: Jan Knopf (Hg.): Brecht-Handbuch, Bd. 2, Stuttgart/Weimar 2001, S. 27–29

Kranz 2013
Annette Kranz: Ein „Who's Who" der Frühen Neuzeit. Zur gesellschaftlichen Verortung der Porträtmedaille der deutschen Renaissance, in: Kat. Ausst. München 2013, S. 35–45

Kronenberg 2014
Martin Kronenberg: Kampf der Schule an der „Heimatfront" im Ersten Weltkrieg: Nagelungen, Hilfsdienste, Sammlungen und Feiern im Deutschen Reich, Hamburg 2014

Meinold 2009
Markus Meinold: Geprägte Erinnerung – Medaillen als Propagandamedium des Ersten Weltkrieges, in: kunst-texte.de, Nr. 1, 2009 (11 Seiten), www.kunsttexte.de.

Neuhaus 2002
Stefan Neuhaus: Das Spiel mit dem Leser. Wilhelm Hauf: Werk und Wirkung, Göttingen 2002

Pietzker 1974
Carl Pietzcker: Die Lyrik des jungen Brecht. Vom anarchischen Nihilismus zum Anarchismus, Frankfurt/Main 1974

Reisner 2013
Barbara E. Reisner: Dr. Harry & Mimi Marcuse. Kriegsbriefe 1914–1918, o. O. 2013

Roth 2000
Der Anfang der Museumslehre in Deutschland. Das Traktat „Inscriptiones vel Tituli Theatri Amplissimi" von Samuel Quiccheberg. Lateinisch-Deutsch, hg. und kommentiert von Harriet Roth, Berlin 2000

Schmitz/Popp
Martin Schmitz und Susanne Popp: „Ein Markstein des Dankes aus Eiserner Zeit": Der Bau und die Benagelung der Augsburger Wehrsäule, (12 Seiten): http://www.europe14-18.eu/preview_site/telechargements02/zeit_aallll.doc (04.12.2014)

Schoeps 2001
Karl-Heinz Schoeps: Legende vom toten Soldaten, in: Jan Knopf (Hg.), Brecht-Handbuch, Bd. 2, Stuttgart/Weimar 2001, S. 50–57

Schuhmann 1995
Klaus Schuhmann: Wider das wilhelminische Heldentum. Legende vom toten Soldaten, in: Jan Knopf (Hg.): Gedichte von Bertolt Brecht, Stuttgart 1995, S. 15–30

Schuhmann 1971
Klaus Schuhmann: Der Lyriker Bertolt Brecht 1913–1993, München 1971

Seliger 1974
Helfried W. Seliger: Das Amerikabild Bertolt Brechts, Bonn 1974

Speirs 2006
Ronald Speirs: „Kalt oder heiß – Nur nit lau! Schwarz oder weiß – Nur nit grau!" Melancholy and Melodrama in Brecht's Early Writings, in: Brecht Yearbook 31 (2006), S. 43–61

Stadtlexikon 1998
Günther Grünsteudel, Günther Hägele und Rudolf Frankenberger (Hg.), Augsburger Sadtlexikon, 2., völlig neu bearb. und erheblich erw. Aufl., Augsburg 1998

Steguweit 1998
Wolfgang Steguweit: Das Münzkabinett der Königlichen Museen zu Berlin und die Förderung der Medaillenkunst. Künstlerbriefe und Medaillenedition im Ersten Weltkrieg (Münzkabinett der Staatlichen Museen. Medaillenedition, Das Kabinett 5), Berlin 1998

Steguweit 2000
Wolfgang Steguweit (Hg.): Die Medaille und Gedenkmünze des 20. Jahrhunderts in Deutschland, Berlin 2000

Steguweit 2014
Wolfgang Steguweit: Die deutsche „Weltkriegsmedaille" im Mainstream des Zeitalters, in: Kluge/Weisser 2014, S. 15–22

Tucholsky 1961
Kurt Tucholsky: Gesammelte Werke, Bd. 2, Reinbek 1961

von Forster 1910
Albert von Forster: Die Erzeugnisse der Stempelschneidekunst in Augsburg und Ph. H. Müller's nach meiner Sammlung beschrieben und die Augsburger Stadtmünzen, Leipzig 1910

Zetzmann 2002
Georg Zetzmann: Deutsche Silbermedaillen des I. Weltkriegs auf die militärischen Handlungen und denkwürdigen Ereignisse von 1914 bis 1919, Regenstauf 2002

BILDNACHWEIS

Kat.-Nr. 45–47:
Staats- und Stadtbibliothek Augsburg
Alle anderen Abbildungen:
Kunstsammlungen und Museen Augsburg

ABKÜRZUNGEN

B.	Breite	Rs.	Rückseite
Dm.	Durchmesser	T.	Tiefe
H.	Höhe	Vs.	Vorderseite
L.	Länge		

DANK

Andrea Bayer-Zapf	Bettina Müller-Arends
Elke Bäckhausen	Peter Noppinger
Elke Bannicke	Cornelia Pilz
Christina von Berlin	Michael Rehn-Götzfried
Marina Folgmann	Susanne Rödel-Strobel
Tilo Grabach	Alexander Schlittmeier
Gabriele Gretzinger	Michael Schmerold
Simone Gschwendner	Wilhelm Schmid
Jürgen Hillesheim	Susanne Schütz
Johann Knecht	Annette Isabell Trass
Reinhard Laube	Christof Trepesch
Cornelia Lingenhöl	Christine Wagner
Michael Moratti	Bernd Wißner

IMPRESSUM

Blutgeld. Propaganda-Medaillen aus dem Ersten Weltkrieg

Ausstellung im Maximilianmuseum Augsburg

24. April – 30. August 2015

Veranstalter: Kunstsammlungen und Museen Augsburg

Herausgeber: Dr. Christoph Emmendörffer, Dr. Christof Trepesch

Leihgeber: Staats- und Stadtbibliothek, Dr. Reinhard Laube

Projektleitung, Konzeption, Katalog- und Bildredaktion: Dr. Christoph Emmendörffer

Beiträge von Prof. Dr. Jürgen Hillesheim (Kat.-Nr. 45–47 und Aufsatz)

Öffentlichkeitsarbeit: Dr. Tilo Grabach

Kunstvermittlung: Manuela Wagner M. A.

Sekretariat: Marina Folgmann, Simone Gschwendner

Verwaltung: Cornelia Lingenhöl, Susanne Schütz, Wilhelm Schmid

Besucherservice: Petra Kretschmer

Konservatorische Betreuung und Objektmontage: Susanne Rödel-Strobel M. A., Klaus Wiedenbauer

Haustechnik: Michael Schmerold

Ausstellungsgrafik und -design: Bettina Müller-Arends – cynar visuelle communication

Grafikherstellung: Gabriele Gretzinger, Werkstätte für Beschriftungen

Fotos: Lenz Mayer: S. 4, 6, 8–11, 13, 15, 26; Kat.-Nr. 1–27, 32, 37, 40, 44

Abbildung Umschlaginnenseite: Stadtarchiv Augsburg

Lektorat: Dr. Christoph Emmendörffer, Dr. Christina von Berlin

Umschlaggestaltung: Bettina Müller-Arends – cynar visuelle communication

S. 118–119: „Legende vom toten Soldaten", aus: Bertolt Brecht, Werke. Große kommentierte Berliner und Frankfurter Ausgabe, Band 11: Gedichte 1. © Bertolt-Brecht-Erben / Suhrkamp Verlag 1988

Bibliografische Information der Deutschen Nationalbibliothek.
Die Deutsche Nationalbibliothek verzeichnet diese Publikation in der Deutschen Nationalbibliografie; detaillierte bibliografische Daten sind im Internet über http://dnb.dnb.de abrufbar.

© Wißner-Verlag, Augsburg 2015
www.wissner.com

ISBN 978-3-95786-024-8

Satz: Andrea Bayer-Zapf, Wißner-Verlag

Druck: Joh. Walch GmbH & Co. KG, Augsburg

Das Werk und seine Teile sind urheberrechtlich geschützt. Jede Verwertung in anderen als den gesetzlich zugelassenen Fällen bedarf deshalb der vorherigen schriftlichen Einwilligung des Verlages.